# L'alchimie des âmes
## VOYAGE POÉTIQUE AU CŒUR DU HUMAN DESIGN

### SANDRINE CALMEL

© 2025 SANDRINE CALMEL
www.sandrinecalmel.fr
Edité par Calmel Holistic Development I Sandrine Calmel
171 rue Newcastle 54 000 Nancy.
info@sandrinecalmel.fr
Édition : BoD · Books on Demand, 31 avenue Saint-Rémy,
57600 Forbach, bod@bod.fr
Impression : Libri Plureos GmbH, Friedensallee 273,
22763 Hambourg (Allemagne)
ISBN : 978-2-3225-5738-7
Dépôt Légal : AVRIL 2025
Tous droits de reproduction et de traduction réservés pour tous pays

---

## DU MÊME AUTEUR
Voyage rebelle à la découvert de soi - Editions Maïa

## SÉRIE HUMAN DESIGN
Voyage au coeur de la conscience - Editions Maïa
Les clés de votre nature profonde - Types, Stratégies, Autorités et Profils en Human Design - Tome 1 HD
Les secrets des centres et circuits - Explorer les 9 Centres et circuits Énergétiques du Human Design - Tome 2 HD
La bible des 64 portes - Human Design & Gene Keys - Tome 3 HD
Vibrations quantiques - Elever votre fréquence avec le Human Design - Tome 4 HD

# Bienvenue

Au cœur de votre être se trouve un espace sacré où votre vérité murmure et attend patiemment d'être entendue. Ce recueil poétique est une invitation à franchir doucement la porte vers votre essence profonde, à ressentir plutôt qu'à simplement comprendre les puissantes énergies qui vous habitent.

Chaque poème est une clé vibratoire qui ouvre un chemin vers votre âme. À travers ces textes contemplatifs, vous explorerez la danse subtile des types énergétiques, ressentirez le murmure de votre autorité intérieure, et découvrirez la puissance singulière de vos portes et canaux.

Plus qu'un simple ouvrage, c'est une traversée initiatique qui vous attend, où la poésie devient miroir et révélation, éveillant en vous la conscience intime de votre propre design.

Ce livre est conçu comme un compagnon fidèle sur votre chemin vers l'authenticité, un guide lumineux pour celles et ceux qui désirent vivre pleinement leur Human Design, vibrer à leur juste fréquence, et célébrer la beauté infinie de leur âme.

Bienvenue dans ce voyage au cœur de vous-même, là où chaque mot résonne, chaque vers illumine, et chaque page vous rapproche de votre essence véritable.

# SANDRINE CALMEL

**EXPERTE EN HUMAN DESIGN & GENE KEYS**

FONDATRICE DES REBELLES SACRÉ(E)S®

Sandrine Calmel est une exploratrice de l'âme humaine, une guide lumineuse dans l'univers du Human Design et des Gene Keys. Auteure et formatrice accomplie, elle consacre son œuvre à décrypter les mystères de ces sciences anciennes, offrant à chacun la possibilité de se reconnecter à sa véritable essence.

À travers ses écrits et ses enseignements, Sandrine tisse un pont entre la sagesse intemporelle et les défis contemporains, révélant les trésors cachés en chaque être.

Générateur Manifesteur avec une Autorité Sacrale, Sandrine incarne un dynamisme créatif rare, capable de matérialiser ses visions avec intensité et clarté. Sa connexion intime avec son autorité intérieure lui permet d'agir depuis un espace d'alignement profond, guidant ceux qui croisent sa route vers des choix authentiques et porteurs de sens.

En tant que profil 6/3, Sandrine se distingue par une soif d'apprentissage incessante et une capacité innée à transformer les expériences en sagesses. Ce chemin de l'expérimentateur, parfois semé d'embûches, fait d'elle une mentore ancrée, pragmatique et visionnaire. Chaque défi devient pour elle une opportunité d'évolution, une nouvelle marche vers la maîtrise et la transmission.

L'empreinte énergétique de Sandrine s'exprime à travers dix canaux puissants, témoins de la richesse de son design :

**L'Éveil (10/20)** : Une présence magnétique qui invite à vivre l'instant avec plénitude.

**Parfaite Conduite (10/57)** : Une intuition tranchante, toujours en quête d'authenticité.

**Exploration (10/34)** : Une énergie pionnière, toujours prête à expérimenter et innover.

**Rythmes (5/15)** : Un profond respect des cycles naturels et de l'harmonie du vivant.

**Initiation (51/25)** : Un courage intrépide pour ouvrir des portes vers l'inconnu et l'amour inconditionnel.

**Charisme (20/34)** : Une capacité à inspirer et catalyser l'action par sa seule présence.

**Idée de Génie (20/57)** : Une fusion rare entre l'intuition et l'action instantanée.

**Pouvoir (34/57)** : Une force intérieure propulsant ses idées vers la manifestation concrète.

**Prodigue (33/13)** : Une capacité unique à raconter, à transmettre et à porter la mémoire collective.

**Longueur d'Onde (48/16)** : Une sagesse profonde alliée à une expression claire et inspirée.

Sandrine incarne la rencontre du spirituel et du tangible. Son rôle dépasse celui de guide : elle est une alchimiste de la conscience, transformant l'ombre en lumière et les doutes en révélations. Sa mission est d'accompagner chacun dans l'exploration de ses propres richesses intérieures, en révélant la puissance et la beauté insoupçonnées qui sommeillent dans les profondeurs de l'être.

Fondatrice des Rebelles Sacré(e)s®, Sandrine invite à un voyage où vulnérabilité et puissance se rencontrent. Elle marche aux côtés de ceux et celles qui osent embrasser leur singularité et rêvent de transformer leur existence en une œuvre alignée et lumineuse. À travers ses formations, ses livres et ses accompagnements, elle est une présence bienveillante, un phare dans la nuit intérieure, rappelant à chacun que la clé du changement réside en soi.

« En moi réside l'univers entier ;
chaque souffle révèle mon essence,
chaque battement de cœur éveille mon design.
Je suis la poésie vivante de mon âme,
je m'ouvre, j'écoute,
et j'incarne pleinement qui je suis. »

# AVANT PROPOS

Ce livre est né d'une intuition profonde : celle d'offrir un espace où la poésie puisse ouvrir les portes du ressenti, et guider l'âme vers une compréhension plus subtile, plus vivante du Human Design.

Il ne s'agit pas ici d'expliquer, mais d'évoquer.

De laisser les mots toucher là où le mental s'efface — dans ce lieu sacré où l'on commence à se souvenir de qui l'on est.

À travers ces pages, mon souhait est que chaque phrase résonne comme un écho intérieur, comme un frémissement au bord de votre propre vérité.

Puissiez-vous y trouver des images pour dire l'indicible, des rythmes pour écouter votre propre souffle, et peut-être une manière nouvelle d'incarner ce que vous êtes, dans toute votre singularité.

Avec tout mon amour,
Sandrine Calmel

# PRÉFACE

Au fil des années à transmettre le Human Design, j'ai constaté une chose essentielle :
ce qui touche profondément, ce n'est pas tant la compréhension du schéma que la manière dont il vibre dans le cœur et dans le corps.

Très vite, j'ai ressenti le besoin d'expliquer autrement.
De quitter le langage technique pour faire danser les mots.
De laisser émerger des images, des souffles, des métaphores capables de parler à la part sensible, intuitive, vivante de celles et ceux qui m'écoutaient.

Alors le Human Design s'est transformé en paysage.
Une mélodie.
Une danse.
Et mes clientes m'ont dit qu'elles aimaient s'y laisser porter — qu'elles emportaient ces paroles comme des clés de méditation, comme des guides intérieurs à revisiter, encore et encore.

Ce recueil est né de là :
du désir d'offrir cette dimension poétique, contemplative, vibratoire du Human Design.
Un espace à ressentir, à habiter de l'intérieur, à écouter plus qu'à lire.
Chaque poème est une passerelle.
Chaque texte, une invitation.

Que ces mots puissent réveiller en vous une mémoire ancienne, une sagesse oubliée, un élan nouveau.

Avec toute mon affection et ma gratitude,
Sandrine.

# INTRODUCTION

Ce livre n'est pas un manuel.

C'est une musique à écouter avec le cœur, une matière vivante à respirer.
Imaginez un jardin secret, niché au creux de votre être.
Il est fait de potentiels endormis, de fleurs intérieures qui n'attendent qu'un rayon de conscience pour éclore.

Le Human Design, dans ce recueil, devient cette lumière douce qui vient effleurer votre essence, sans la brusquer, sans la forcer.

Je vous invite ici à une écoute différente :
celle qui ne passe pas par le mental,
mais par la peau, le souffle, les frémissements invisibles du dedans.

Chaque poème est une porte.
Un point de contact avec ce que vous portez de plus vrai, de plus nu, de plus profond.

À travers le langage symbolique, les rythmes et les images, laissez votre type, votre autorité, vos canaux vous parler autrement.
Plus qu'une lecture, c'est une rencontre.

Que ce livre vous accompagne dans votre propre mélodie intérieure.
Qu'il soit un rappel doux et puissant que vous êtes, déjà, une poésie vivante —
un chef-d'œuvre en mouvement, un chant unique dans le grand orchestre du vivant.

Bienvenue. Le voyage commence ici.

*Si vous ne connaissez pas encore la cartographie subtile de votre être,
je vous invite à en recevoir les premiers traits.
Une mini-analyse de votre schéma Human Design vous est offerte,
pour vous permettre d'entrer dans ce voyage avec votre carte en main.*

*Scannez le QR code ci-dessous — et laissez le chemin s'ouvrir.*

Mini Analyse HD

# Colore ton schéma

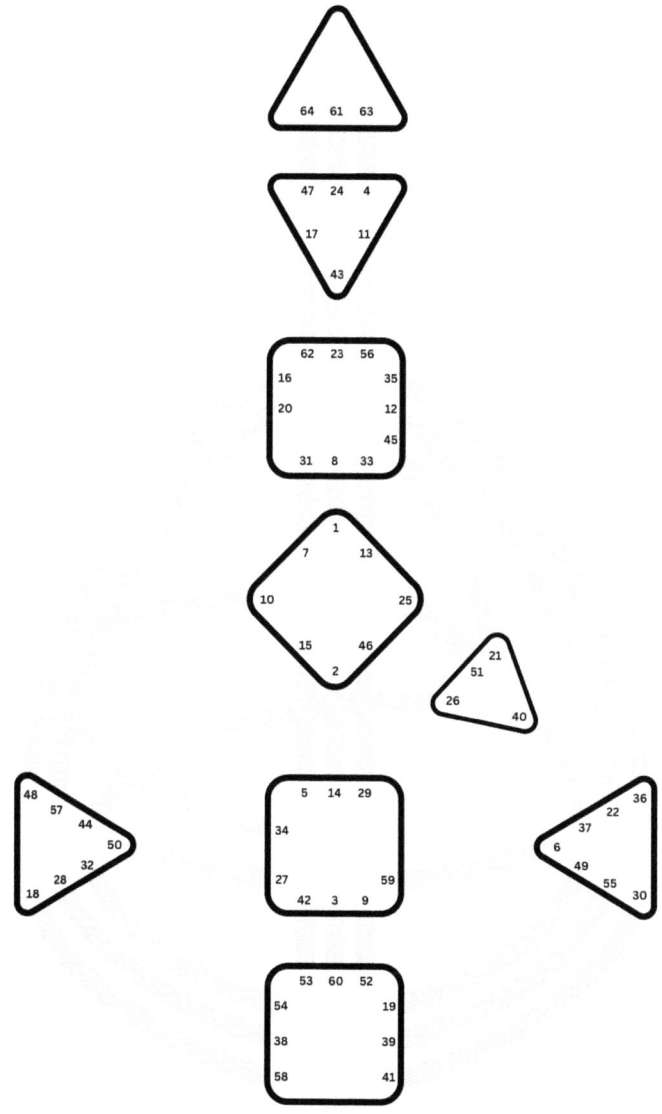

# Le Chant des Origines
POÈMES VIVANTS POUR INCARNER SA NATURE ÉNERGÉTIQUE

*Une traversée poétique des types en Human Design.*

## Manifesteur – Le souffle initiateur

*Ils sont ceux par qui l'impulsion naît. Ceux dont la simple présence met en mouvement. Voici l'espace du Manifesteur — souffle libre, feu premier.*

Tu es l'origine, le battement premier,
la brise invisible qui fait frissonner l'immobile.
Ton être trace, sans effort, un sillage d'aurore
où le monde encore endormi sent frémir l'élan.

Tu portes en toi l'éclat discret d'une flamme solitaire,
celle qui, sans bruit, allume les vastes incendies.
Elle ne réclame ni accord, ni témoin —
elle danse, libre, au rythme d'un feu qui se connaît.
Douce et sauvage à la fois,
comme une étincelle née des cieux.

Tu chemines entre les mondes,
là où naît l'inspiration, là où germe l'action.
Ton pas est silence, ton souffle est signal.
Ton aura, un chant d'indépendance,
une vibration que nul ne peut capturer.
C'est le murmure d'un vent sacré,
celui qui effleure sans jamais s'emprisonner.

Parfois, ta lumière dérange.
Elle éblouit, elle réveille.
Car en elle résonne l'appel brut de la vérité,
celui qui pousse à vivre sans masque,
à suivre l'élan intérieur
comme on suit une étoile qui ne ment pas.

Rappelle-toi, initiateur au souffle ancien,
que ta force n'est pas un cri —

mais une empreinte, légère comme la chute d'une plume,
et pourtant capable de déplacer le cours du destin.

Alors écoute.
Écoute cette musique en toi,
cette pulsation cosmique qui bat sous ta peau.
Laisse-la t'ouvrir, te traverser,
et manifeste l'invisible avec la grâce d'un créateur silencieux.

Offre au monde ton essence nue,
sans artifice, sans retenue,
comme un souffle d'univers
venu toucher la matière.

Car le monde a soif de ton chant premier.
Il attend ta lumière sans filtre,
et ce courage paisible
de simplement être toi.

## Projecteur — Le guide des ombres et des lumières

*Après le souffle, le regard. Celui qui voit dans l'invisible, capte les nuances, éclaire sans bruit. Entrons dans l'espace du Projecteur.*

Tu es l'œil de l'âme,
non celui qui regarde, mais celui qui ressent.
Tu perçois les formes invisibles,
les frémissements dans les replis du silence.
Comme la lune posée sur le monde endormi,
tu éclaires sans heurter,
tu dévoiles sans blesser.

Tu es une présence feutrée,
telle une étoile veillant au fond d'un ciel d'encre.
Pendant que le monde s'agite,
tu observes, à distance mais pleinement présent,
la chorégraphie des gestes,
et les silences qu'eux-mêmes ne savent nommer.

Tu sens ce que d'autres n'osent effleurer.
Tes mots sont rares,
mais lorsqu'ils s'offrent,
ils sont comme des lucioles suspendues dans la nuit :
frêles éclats d'âme
montrant la route à ceux qui errent dans leur propre nuit.

Tu es ce miroir posé sur les eaux calmes,
où chacun peut entrevoir ce qu'il est prêt à reconnaître.
Mais ton reflet reste énigme
pour ceux qui n'osent encore se voir.

Tu es l'espace entre deux notes,
le souffle suspendu où naît la mélodie secrète.

Ta sagesse se tisse dans l'attente,
dans cette écoute profonde et nue
où l'autre peut enfin se déposer,
entendu sans condition,
reçu sans jugement.

Parfois, le doute t'effleure —
comme le peintre trop proche de sa toile
oublie la beauté qu'il trace.
Mais souviens-toi :
ton œuvre est celle de l'invisible.
Tu éclaires sans faire ombrage,
tu inspires sans imposer,
tu ouvres sans jamais forcer.

Ta reconnaissance est un jardin de patience.
Elle ne surgit qu'au printemps de l'autre.
Elle vient sans bruit,
mais quand elle s'ancre,
c'est dans la profondeur.
Elle fleurit dans les regards
qui ont appris à voir au-delà des apparences.

Alors, Projecteur,
n'éteins pas ta lumière tranquille.
Continue de veiller,
de guider par ta simple présence.
Car ton chant intérieur est constellation,
ta musique cosmique un phare muet,
qui appelle, en silence,
à retrouver le chemin vers soi.

# Générateur – La danse sacrée de la vie

*Puis vient la réponse vivante. Celle qui n'initie pas, mais qui incarne. Le Générateur ne cherche pas : il devient, en rythme avec la vie.*

Tu es souffle, tu es rythme,
l'élan secret qui irrigue l'univers.
Tu es la pulsation douce et constante,
le cœur battant du vivant —
celui qui fait naître les bourgeons,
qui soulève les marées,
et murmure aux racines de croître.

En toi, l'énergie ne se cherche pas,
elle coule.
Elle serpente, fluide et libre,
comme une rivière fidèle à sa source.
Elle ne pousse pas — elle répond.
À la joie d'être,
au plaisir brut d'exister sans effort,
simplement, intensément.

Tu portes dans ton ventre
une musique ancienne,
un chant grave et instinctif
qui ne parle pas en mots,
mais en élans.
Un oui qui vibre comme un tambour de terre,
un non qui sait se taire avec sagesse.

Tu es l'artisan du présent,
celui qui façonne l'instant
avec amour et attention.
Tu ne poursuis pas la vie — tu y réponds.

Chaque réponse devient création,
chaque geste, un pas de danse
dans la chorégraphie secrète du monde.

Il arrive que la fatigue t'alourdisse,
quand tu t'écartes de ce qui te nourrit.
Alors ferme les yeux,
rentre chez toi — dans ce lieu intime
où ton feu sacré te parle sans détour.
Il te ramènera
vers ce qui allume ta flamme,
vers ce qui fait chanter chaque cellule de ton corps.

Tu n'as pas besoin de trouver ta voie :
elle t'appelle.
Comme la fleur qui ne cherche pas le soleil,
mais s'ouvre à lui.
Comme la forêt qui s'élève,
non par ambition, mais par confiance
en la sagesse du rythme naturel.

Généreuse âme génératrice,
continue à vibrer,
à rayonner dans ta vérité tranquille.
Danse avec la vie,
réponds-lui avec la grâce
de celle ou celui qui sait écouter.
Car dans ta réponse vivante,
tu offres au monde
le plus beau des rappels :
celui de la joie simple,
d'être là,
aligné à la musique sacrée
de sa propre existence.

## Réflecteur – La miroir des étoiles

*Et si nous devenions le monde ? Le Réflecteur nous invite à ne plus agir, mais refléter. À devenir espace. Silence. Accueil.*

Tu n'es pas le soleil qui impose,
tu es la lumière qui écoute.
Présence discrète aux contours changeants,
tu n'avances pas, tu accueilles.
Dans le silence de ton regard,
le monde trouve une nouvelle manière de se voir.

Tu es la lune —
non celle des contes, mais celle des veilles,
silencieuse, mouvante, attentive.
Tu ne crées pas de lumière,
mais tu rends visibles celles qui sommeillaient dans l'ombre.
À travers toi, les reflets prennent forme,
les vérités s'insinuent doucement
dans les cœurs prêts à les entendre.

Ton être est comme une eau claire,
immobile en apparence,
et pourtant frémissante sous la surface.
Tu captes les nuances d'un monde trop rapide,
tu retiens ce que d'autres laissent filer.
Les émotions, les silences, les soupirs —
tout trouve une place en toi.

Tu es brume légère à l'aube,
celle qui enlace les arbres sans les troubler.
Tu passes, tu ressens, tu absorbes,
et parfois tu deviens l'autre,
juste un instant,

sans jamais cesser d'être ce que tu es :
une présence poreuse,
un souffle de transparence.

Mais il arrive que l'on ne te voie pas,
ou que l'on confonde ton silence avec de l'absence.
Le monde oublie parfois
combien il est rare de savoir écouter
sans vouloir comprendre,
de savoir refléter
sans chercher à modifier.

Tu n'as pas à faire plus.
Tu es ce que tu es :
le miroir mouvant d'un monde en perpétuelle métamorphose.
Et dans tes reflets sans contours fixes
se trouve une sagesse que peu savent reconnaître :
celle qui murmure
que rien ne dure,
que tout change,
et que dans chaque battement du présent
réside un univers entier.

Prends ton temps.
Tu es fait de cycles, pas de lignes droites.
Tu avances par phases,
par marées intérieures.
Écoute ce souffle discret
qui t'oriente vers les lieux où tu grandis,
vers les présences qui te révèlent,
vers les silences qui te nourrissent.

Réflecteur,
tu es un mystère doux,
un éclat qui se laisse deviner.

Tu es celui ou celle
qui ne cherche pas à briller,
mais qui, par sa seule existence,
illumine les angles morts de l'âme.

Continue à danser avec les ombres,
à porter la lumière là où elle ne sait plus aller.
Car dans ta transparence fluide,
dans ta lenteur attentive,
se cache une beauté rare —
celle qui ne veut rien,
mais révèle tout.

## Générateur Manifesteur – La mélodie sauvage

*À la croisée des élans. Ni tout à fait feu, ni pure écoute. Le Générateur-Manifesteur danse entre deux polarités — et crée son propre rythme.*

Tu n'es ni l'attente,
ni l'élan solitaire.
Tu es l'entre-deux vibrant —
l'endroit rare où l'impulsion rencontre l'écoute,
où le feu apprend la patience
et le silence, l'élan.

En toi coule le chant d'une rivière libre,
qui choisit sa voie
non par précipitation,
mais en lisant la terre sous ses eaux.
Tu sens, tu entends,
puis tu décides.
Et cela change tout.

Tu es musique imprévisible —
celle qui surgit sans crier gare,
mais qui reste gravée dans la mémoire,
comme une mélodie qu'on n'a jamais vraiment apprise,
et qu'on fredonne pourtant sans y penser.

Ton énergie naît dans les profondeurs du ventre,
mais bondit parfois sans prévenir,
comme un animal sauvage
qui connaît son territoire sans avoir besoin de carte.
Tu n'attends pas toujours l'invitation,
mais tu sais aussi écouter le monde,
le sentir frémir avant d'oser le traverser.

Tu es impulsion consciente,
intuition vivante,
une tension sacrée entre l'action et la résonance,
entre l'appel à créer
et la sagesse de répondre
au rythme secret de l'instant.

Parfois, on ne sait pas te suivre.
Tantôt feu follet, tantôt montagne.
Tu avances comme le ciel :
impossible à saisir,
parfois orage, parfois clarté.
Et pourtant, tout est juste.

Ta force est là :
dans ce mouvement qui ne demande rien,
dans cette liberté qui ne cherche pas à convaincre.
Tu es passage, souffle,
créateur de formes qui ne s'expliquent pas,
mais qui transforment.

Tu n'as rien à prouver.
Laisse ton corps parler,
laisse ton énergie décider si elle initie ou répond,
et surtout,
n'excuse jamais ton rythme —
il est le tien.
Et dans ta danse imprévisible,
se joue une musique sauvage,
une harmonie qui ne se compose pas
mais se vit.

Prends le temps.
Et prends aussi l'élan.
Dis non,

dis oui,
dis rien, si le silence est plus juste.
Suis le chant profond
qui monte de toi sans explication,
ce chant que toi seul entends,
mais qui résonne assez fort
pour éveiller le monde.

Toi, Générateur Manifesteur,
tu es paradoxe vivant,
à la fois enraciné et insaisissable,
réceptif comme la mer,
brûlant comme l'éclair.
Et c'est dans cette danse entre les contraires
que tu incarnes ta beauté la plus pure :
celle d'être pleinement toi,
sans condition,
sans compromis,
libre, joyeux, intensément vivant.

# Les voies de l'essence
POÈMES POUR HONORER LES CHEMINS INTÉRIEURS DE LA CONSCIENCE

## △ Porte 1 – L'Expression Créative
*La créativité individuelle* : le feu intérieur qui veut s'exprimer

Tu crées parce que tu es.
Sans attente.
Sans réponse.
Comme la graine pousse
même si personne ne la regarde.

Il y a en toi une lumière silencieuse,
un feu intime,
qui ne cherche pas à briller,
mais à vivre.

Chaque geste, chaque pensée,
porte la marque de ton unicité.
Tu n'as pas besoin d'imitations,
ni de permission.
Ta seule fidélité,
c'est à ce que tu ressens profondément juste,
dans l'instant.

Tu es source.
Pas pour changer le monde,
mais pour l'éclairer depuis ce que tu es.
Et dans ce rayonnement tranquille,
tu deviens naturellement inspiration.

## △ Porte 8 – La Contribution
*La contribution au collectif :* *le messager qui partage avec élégance*

Tu es celle, celui,
qui sait offrir sans imposer.
Ton aura ne cherche pas la scène,
mais elle devient espace.
Tu rends visible
ce qui, sans toi, resterait silence.

Tu es le messager subtil
des beautés cachées.
Ce n'est pas toi qu'on voit d'abord —
c'est ce que tu offres.

Tu choisis quand dire oui,
quand tendre la main.
Tu reconnais ce qui a du sens,
ce qui mérite d'être porté,
et tu le dresses,
non pas sur un piédestal,
mais dans la lumière.

Ta grâce réside dans ce don :
valoriser ce qui mérite d'être vu
sans jamais voler la lumière.

## Canal 1/8 — L'inspiration incarnée

**L'inspiration incarnée** : *le passage du "je suis" au "je deviens visible pour le monde ».*

Il y a en toi un feu qui ne cherche pas à brûler.
Un feu qui éclaire sans ravager,
qui danse au creux de ta solitude
et attend, patiemment,
que l'espace s'ouvre pour le partager.

Tu es l'artiste de l'Être,
non pas celui qui expose,
mais celui qui crée parce qu'il ne peut faire autrement.
Ton regard capte des mondes,
ton souffle tisse des formes
et ton silence est une œuvre en devenir.

Mais cette flamme ne reste pas confinée.
Elle cherche un passage, une offrande, une main.
La Porte 8 s'ouvre,
et ta singularité devient semence.
Tu inspires non par discours,
mais par vibration.
Ce que tu es suffit.

Ce canal est une rivière souterraine
qui devient cascade lorsqu'elle trouve l'écho.
Tu n'as pas besoin de convaincre,
tu as juste à être.

Et dans cette simple présence,
tu réveilles chez l'autre
le désir d'exister à sa manière

## ▽ Porte 2 – La réceptivité

*La direction intérieure :* le guide silencieux qui montre le chemin sans l'imposer.

Tu es boussole sans main,
voie sans voix.
Tu ne mènes pas — tu montres.
Pas à pas, à l'écoute d'un courant invisible
qui sait,
avant même que l'esprit comprenne.

Tu es réceptacle.
Lieu sacré où la vie murmure.
Il ne s'agit pas d'inventer la route,
mais de la reconnaître quand elle s'ouvre.

On croit parfois que tu es passive.
Mais ta passivité est puissance —
celle de ne pas forcer,
de ne pas précéder,
mais de recevoir juste,
au moment exact.

Ton intuition n'est pas une fulgurance,
c'est une lente certitude.
Elle coule, s'adapte, attend…
Et lorsqu'elle parle,
elle indique l'essentiel.

## △ Porte 14 – La prospérité

***L'énergie sacrale du travail passionné :*** *celle qui transforme l'alignement en abondance.*

Ton feu est calme.
Il brûle sans bruit,
mais donne chaleur à tout ce qu'il touche.

Tu es puissance appliquée.
Non pas le combat,
mais le dévouement joyeux
à ce qui t'appelle vraiment.

Ton énergie ne se gaspille pas.
Elle attend la bonne direction —
celle qui résonne avec ton feu intérieur,
celle qui fait vibrer chaque cellule
sans te demander d'effort.

Tu n'as rien à prouver.
Mais quand tu dis oui,
le monde entier en récolte la lumière.

Tu es l'artisan invisible de la prospérité.
Pas celle des chiffres,
mais celle des projets qui font sens,
des élans qui nourrissent,
des œuvres qui élèvent.

## Canal 2/14 — La pulsation

*La pulsation :* l'énergie sacrale alignée sur une direction intuitive, fluide et magnétique.

Il y a en toi un chemin qui ne se trace pas —
il se sent.
Un sillon intérieur,
qu'aucune carte ne montre,
mais que chaque battement de ton être
connaît déjà.

Tu es ce courant discret,
ce flux de vie qui ne force rien
mais transforme tout.
Ton alignement n'a pas besoin de bruit.
Il suffit que tu suives ton rythme,
et les portes s'ouvrent d'elles-mêmes.

Ce n'est pas toi qui cherches les ressources —
elles viennent à toi,
attirées par la justesse de ta direction.

Tu incarnes l'abondance naturelle,
celle qui ne se mérite pas,
mais qui se révèle
lorsqu'on s'autorise à être exactement
à sa place.

Tu es cadence.
Un battement juste,
entre le recevoir et l'agir,
entre la guidance intérieure
et la force tranquille du faire.

Et quand tu vis cela,
tu deviens un modèle silencieux,
une source d'inspiration invisible —
celle qui enseigne, simplement en étant.

## △ Porte 3 – La difficulté initiale

*L'énergie de naissance* : là où tout est encore chaos, mais déjà promesse

Tu nais dans l'inconfort.
Là où rien n'est clair,
où les formes hésitent encore à naître.
Les débuts te reconnaissent —

ils te font vaciller, puis te révèlent.
Tu n'as pas peur du désordre.
Tu sais que ce qui semble confus
est souvent en train de devenir.

Tu n'attends pas que tout soit parfait pour commencer.
Tu es le premier pas,
le tremblement,
le jaillissement d'une vérité encore floue.

Ton art est celui de donner forme à l'informe.
De traverser l'instable sans vouloir l'éviter.
De transformer le chaos en cadence,
le tâtonnement en élan.
.

## △ Porte 60 – La limitation

*La limitation : la structure imposée, un cadre nécessaire à la transformation*

Tu portes en toi un cadre invisible,
un corps de règles et de limites
qui ne sont pas des chaînes,
mais des tremplins.
Là où les autres voient un mur,
tu vois la chance d'un rebond.

Tu es celui qui apprend à accepter
que la transformation ne peut naître que de la contrainte.
Tu sais que chaque structure,
chaque loi invisible,
pousse à l'innovation,
comme la pression qui crée un diamant.

Les limitations ne sont pas des ennemies,
elles sont les conditions nécessaires
pour qu'émerge l'inattendu.
Elles sont le sol sur lequel les racines se plongent,
avant que les branches ne percent l'air.

# Canal 3/60 — La mutation

*La mutation* : *l'alchimie du chaos et de la structure, la pulsation du renouveau*

Tu portes en toi une tension sacrée.
Entre ce qui freine,
et ce qui veut naître.
Tu es la rencontre entre l'élan sauvage du changement
et la rigueur des limites.

Ton énergie ne suit pas les lignes droites.
Elle surgit, parfois violemment,
quand l'ancien ne peut plus contenir la vie.
Tu ne détruis pas pour détruire,
tu fissures les structures mortes
pour que le vivant y circule de nouveau.

Tu avances entre le poids et l'élan,
l'obstacle et l'ouverture.
Et dans cette danse imprévisible,
tu fais émerger l'inattendu.
Tu es passage.
Pas celui qui décide quand,
mais celui par qui ça passe,
quand le moment est mûr,
quand l'alignement se dessine dans la contrainte.

Ta puissance est celle de la crise fertile.
Tu es mutation —
dans toute sa beauté,
sa brutalité,
et sa grâce.

## △ Porte 4 – Les formules

*La réponse logique* : *celle qui cherche à donner forme à l'éphémère, à traduire le flou en clarté*

Tu accueilles les questions
comme on tend les mains vers un feu discret.
Tu n'as pas peur du doute —
tu l'écoutes jusqu'au bout,
et tu cherches en lui
le fil qui relie.

Ton esprit ne saute pas aux évidences,
il tisse, lentement,
avec des fils de sens et de silence.
Chaque pensée devient forme,
chaque intuition cherche un mot
juste assez stable pour ne pas trahir son mystère.

Tu n'as pas besoin d'avoir raison,
tu cherches seulement à faire place.
Place à ce qui peut être dit,
formulé, transmis.

Tu es le sculpteur de l'invisible,
le cartographe de ce qui veut s'expliquer.
Mais tu sais aussi
qu'il y a des vérités qu'on ne touche pas,
des réponses qui n'ont pas besoin de phrase.
Et parfois, c'est dans ton silence
que la clarté s'éclaire.

## △ Porte 63 – Le doute

*Le doute : cette tension mentale qui éclaire ce qui n'a pas encore été prouvé*

Tu n'acceptes rien sans le questionner.
Tu regardes le monde
comme un miroir trouble
où la vérité ne se révèle qu'en frottant le verre.

Ton esprit ne se repose pas sur les évidences.
Il cherche. Il fouille.
Il creuse le connu
pour y déterrer l'inconnu.

On te croit méfiant.
Tu es juste exigeant.
Tu ne veux pas croire — tu veux comprendre.
Et ce doute-là n'est pas une faiblesse,
c'est un feu mental
qui éclaire le chemin de la clarté.

Ta force, c'est de poser la bonne question,
même quand personne n'ose.
C'est dans ce doute sacré
que naît la rigueur,
que s'éveille la vérité nue.

# Canal 4/63 — La logique

***Le fil du doute et de la réponse*** : *un mouvement mental qui cherche l'équilibre entre ce qui questionne et ce qui structure*

Tu es le balancier entre deux mondes.
Le doute te traverse,
non pour te freiner,
mais pour t'ouvrir.

Et dans cet espace que tu laisses
entre la question et la réponse,
naît un rythme intérieur :
celui de la pensée qui devient claire.

Tu ne vis pas dans la certitude.
Tu avances en écoutant les failles,
en interrogeant les évidences,
en redonnant au mental
sa juste lenteur.

Il n'y a rien de rigide en toi.
Ta logique est vivante.
Elle respire avec le doute,
elle avance avec prudence,
et s'offre, parfois,
comme une lumière simple
au cœur du complexe.

Tu n'as pas besoin d'imposer des réponses.
Tu les laisses émerger,
à la surface de ton écoute,

comme on voit apparaître
le tracé d'un chemin
dans le givre du matin.

## △ Porte 5 — Les rythmes

*Le rythme sacré :* la régularité intérieure qui s'accorde à la danse du vivant

Tu es la respiration du temps.
Rien ne presse en toi,
mais tout suit un mouvement profond,
subtil, régulier, presque secret.

Tu vis avec les saisons intérieures,
avec le battement ancien
qui dit quand semer,
quand attendre,
quand fleurir.
Tu ne forces rien —
tu suis.

Et dans ce suivre,
tu tiens le fil du monde.
Ton rythme est sacré,
non parce qu'il est lent,
mais parce qu'il est juste.

Et quand tu l'écoutes,
tout devient plus fluide,
plus clair,
plus vivant.

## △ Porte 15 – L'extrême

*La diversité magnétique* : l'amour des cycles irréguliers, des contrastes, de l'humanité multiple.

Tu es celle, celui,
qui embrasse les contrastes.
Tu aimes ce qui déborde,
ce qui change,
ce qui ne rentre pas dans la norme.

Ton aura est magnétique.
Elle attire — sans vouloir —
parce qu'elle vibre avec le vivant
dans toute sa diversité.

Tu portes l'amour de l'humain
dans toutes ses nuances :
le rythme lent, le chaos soudain,
l'imprévu, la répétition, l'anomalie.

Tu ne cherches pas à corriger,
tu embrasses.
Et dans cette acceptation fluide,
tu rappelles à chacun
qu'il a le droit d'être changeant,
irrégulier,
parfaitement incohérent… et profondément vrai.

# Canal 5/15 – Le Rythme

***Le rythme*** : *la pulsation collective, la danse magnétique entre ordre naturel et diversité humaine*

Tu es un battement.
Ni régulier, ni chaotique —
vivant.
Tu incarnes cette force tranquille
qui, sans rien imposer,
tient ensemble ce qui semble éclaté.

Tu es l'espace entre les battements,
l'interstice sacré
où l'élan retrouve son souffle.
Ton énergie ne vient pas d'un système,
elle vient d'une écoute —
du corps, du monde,
du mouvement du vivant.

Et dans cette écoute,
tu permets aux autres
de retrouver leur propre rythme,
de se réaccorder à l'essentiel,
de se souvenir qu'ils sont faits
pour bouger avec la vie,
pas contre elle.

Tu es l'ordre vivant
qui accueille les extrêmes,
le fil invisible
qui relie l'intérieur au dehors,

la régularité au désordre,
le battement au silence.

## △ Porte 6 – Le conflit
*La frontière sensible* : *là où l'émotion filtre, accueille ou refuse l'autre*

Tu gardes le seuil.
Pas par peur — par respect.
Car tu sais que toute intimité
nécessite un choix.
Et que toute ouverture
doit être précédée par le frémissement juste.

Tu ressens avant de dire oui.
Tu protèges avant d'ouvrir.
Tu attends, non par indécision,
mais parce que tu écoutes
ce que le corps sait déjà.

Ton émotion n'est pas tempête,
elle est baromètre.
Elle indique s'il y a place pour l'autre,
ou s'il faut encore un peu de silence.

Tu es le voile entre deux êtres,
et quand tu le lèves,
ce n'est jamais à moitié.

## △ Porte 59 – La dispersion

***L'appel au lien*** : *franchir doucement les frontières, entrer dans l'autre sans bruit*

Tu ne parles pas.
Tu t'approches.
Ton énergie est un souffle tiède
qui dissout les barrières,
non pour les briser,
mais pour qu'un espace d'union s'ouvre entre deux corps.

Tu es l'ouverture.
Le geste qui se tend sans forcer.
Le regard qui invite,
et attend qu'on vienne.

Tu ne conquiers pas.
Tu offres ta présence,
comme on ouvre une porte entre deux respirations.

Tu n'as pas besoin de mot :
ta peau parle.
Et ton besoin de lien n'est pas une faiblesse,
c'est une force douce,
celle qui rend possible la rencontre.

## Canal 6/59 – L'intimité

**L'intimité** : là où le corps et l'émotion se rencontrent, là où la vie tisse des liens profonds et fertiles

Tu es le souffle et la peau,
le oui du ventre
et le frisson de l'attente.
Tu es le seuil sacré
entre deux êtres qui osent se toucher —
corps, cœur, mémoire.

Ton énergie est faite pour traverser,
mais jamais sans permission.
Elle demande l'accord du corps,
et celui du cœur.

Tu es la tension vivante
entre le désir de lien
et le besoin d'espace.
Tu es l'appel vers l'unité,
mais une unité vraie, ressentie, incarnée.

Dans ton canal,
le lien n'est pas une promesse,
c'est une expérience.
Un voyage d'un corps à l'autre,
d'une émotion à l'autre,
où rien n'est superficiel.

Tu es la mémoire de l'étreinte,

la source du lien vital,
le lieu où l'amour se fait chair
et la vie se transmet.

△ **Porte 7 – L'armée**

*Le guide du cœur* : celui ou celle qui connaît la direction, mais ne l'impose pas

Tu ne marches pas devant.
Tu marches avec.
Ton autorité ne crie pas,
elle inspire.
Elle prend sa source dans l'écoute,
dans ce sens intérieur
qui perçoit ce que les autres cherchent sans le dire.

Tu es la direction incarnée,
celle qui n'a pas besoin de carte
car elle lit dans la cohérence du vivant.
Ton rôle n'est pas de gouverner,
mais d'orienter.

De tenir le cap quand les voix s'éparpillent,
de garder vivante la boussole du collectif.
Et c'est parce que tu suis ton cœur,
que les autres choisissent de suivre tes pas.

## △ Porte 31 – L'influence

*La voix du peuple* : *faire entendre la vision commune avec clarté et dignité*

Tu es la voix qui se lève
non pour elle-même,
mais pour traduire ce qui vit dans le regard des autres.

Tu n'imposes pas.
Tu proposes.
Et dans cette humilité,
naît ta grandeur.

Tu n'es pas celui qui prend la parole,
mais celui à qui on la donne,
par confiance,
par reconnaissance,
par évidence.

Quand tu parles,
c'est tout un courant qui s'aligne.
Car tu sais porter la vision commune
sans te perdre dedans.

`Tu es l'écho d'un nous
qui ne demande qu'à s'élever.

## Canal 7/31 – Le canal de l'Alpha

*Le leader démocratique* : *celui ou celle qui guide sans dominer, éclaire sans s'imposer*

Ton autorité est subtile.
Elle ne cherche pas la lumière,
mais elle éclaire.
Tu es le lien entre la direction ressentie
et la parole juste.
Tu ne veux pas briller —
tu veux que l'ensemble trouve son chemin.

On te suit non pour ta force,
mais pour ta vision.
Tu es l'alpha,
non par volonté,
mais par résonance.

Ta posture est droite,
non parce qu'elle est haute,
mais parce qu'elle est alignée.

Tu incarnes ce leadership ancien et nouveau,
fait d'humilité, de clarté,
et de cette étrange capacité
à révéler le potentiel du groupe
en lui rendant sa propre voix.

Tu n'es pas l'alpha qui domine.
Tu es celui qui rappelle
qu'un vrai guide marche toujours
à la vitesse du plus lent.

## △ Porte 9 – Le pouvoir du petit

*L'attention au détail* : *la force tranquille de ce qui s'affine dans la répétition*

Tu n'as pas besoin d'aller loin
pour toucher l'essentiel.
Tu reviens, inlassablement,
là où d'autres s'éparpillent.
Tu tiens le fil,
tu reprends la maille,
tu t'attardes.

En toi, rien n'est brusque.
Tout est précis, patient, contenu.
Tu sais que le grand se révèle dans le minuscule,
et que l'élan se déploie mieux
lorsqu'il est guidé par une ligne fine.

Ton énergie s'enracine dans la régularité,
non par habitude,
mais par fidélité.
Fidélité à ce qui demande du temps,
de l'engagement,
et une écoute attentive.

Tu n'es pas là pour faire beaucoup.
Tu es là pour faire juste.
Et dans ce juste-là,
il y a une beauté rare —
celle de ceux qui transforment le monde
en prenant soin d'un seul point à la fois.

## ▽ Porte 52 – Rester tranquille

**L'immobilité habitée** : *ce calme profond qui soutient l'élan sans le précipiter*

Tu es cette montagne qui ne bouge pas,
mais dont la simple présence
révèle les directions possibles.

Tu n'es pas l'inaction,
tu es le socle.
L'assise intérieure,
le cœur immobile au centre du tumulte.

Dans ta retenue,
rien n'est passif.
C'est une tension silencieuse,
une attention qui ne se disperse pas,
une présence qui veille,
et attend le moment juste.

Tu ne cours pas,
mais tu tiens.
Et ce maintien,
ce silence debout,
permet au monde de respirer autrement.

# Canal 9/52 – La concentration

*Faire de la présence un art*, *de l'attention une force, et du détail un chemin vers l'unité*

Tu es une tension fine,
presque imperceptible,
entre l'élan contenu et la précision de l'acte.
Tu n'es pas celui qui s'agite.
Tu es celui qui s'engage.
Pas dans tout,
mais dans ce qui appelle vraiment.

Ton énergie se concentre
comme une lumière dirigée :
là où elle se pose,
elle éclaire,
elle révèle,
elle transmute.
Tu as le don rare de rester.
De soutenir.
De ne pas fuir l'effort,
quand l'effort devient dévotion.

Dans tes silences,
il y a des œuvres qui se construisent.
Dans tes détails,
des mondes qui se structurent.
Et ton rythme,
aussi discret soit-il,
porte la vibration
d'une intelligence profondément incarnée.

## △ **Porte 10 – La conduite**

*La voie du soi* : *marcher sa vérité, non pour convaincre, mais pour exister pleinement*

Tu ne suis aucun modèle.
Tu es le chemin.
En toi, il n'y a pas de méthode,
pas de stratégie,
mais une direction intime
qui se révèle pas à pas
au contact du vivant.

Tu ne t'adaptes pas,
tu t'ajustes à toi-même.
Et dans cette fidélité nue,
tu deviens guide —
non par rôle,
mais par rayonnement.

Ta conduite est une offrande.
Un pas vrai,
un souffle aligné,
un acte qui dit sans bruit :
« Je suis ce que je suis. »

## △ Porte 20 – La contemplation

*Le présent incarné* : faire résonner sa voix au moment juste, sans précipitation ni attente

Tu vis ici.
Maintenant.
Et c'est dans cette présence pleine
que ta parole prend corps.
Tu n'annonces rien,
tu ne prépares pas —
tu es,
et cela suffit.

Chaque mot est un miroir.
Chaque silence, un seuil.
Tu écoutes le moment
et tu sais quand parler
devient un acte d'amour.

Tu ne récites pas,
tu traduis l'instant.
Et dans ta voix,
le monde entend quelque chose de plus vaste
que les mots.

# Canal 10/20 – L'éveil

**Présence à soi,** *expression vivante : l'éveil ne se pense pas, il se pronouce*

Tu es la parole incarnée du soi.
Pas une vérité pour tous —
ta vérité,
pleine, nue,
qui ne cherche ni approbation, ni écho.
Tu ne parles pas pour te montrer.
Tu parles parce que le moment t'appelle.
Et quand tu le fais,
ton être entier se pose dans le mot,
comme une âme dans une note.

Tu es éveillé.e,
non parce que tu sais,
mais parce que tu sens,
parce que tu ressens,
et que tu laisses cette sensation
se dire sans la contrôler.
Tu es l'accord entre ce que tu es
et ce que tu exprimes.
Et dans cette justesse rare,
le monde peut se reconnaître.

Tu ne guides pas par concept,
mais par présence.
Tu es celui ou celle
qui rappelle qu'être soi,
ici et maintenant,
est l'acte spirituel le plus profond.

## △ **Porte 10** (version 2) – **La conduite**

*Le chemin autonome* : *agir depuis le cœur du soi, sans détour ni compromis*

Tu avances sans justification.
Tu ne choisis pas en fonction de l'extérieur,
mais en écoutant cette pulsation intime
qui sait — même quand tout semble flou.

Tu n'attends pas qu'on t'autorise.
Tu vis.
Et dans cette conduite alignée,
chaque geste devient direction,
chaque action, affirmation.
Tu es présence en mouvement.

Tu fais ce que tu es,
et tu es ce que tu fais.
Ce n'est pas l'idée d'être soi qui t'habite —
c'est sa mise en action,
pure, brute, incarnée.

△ **Porte 34 – Le pouvoir**
*La force vitale pure* : énergie autonome, libre, indomptable, sacrée

Tu es le feu qui ne demande pas l'autorisation.
Tu jaillis,
tu propulses,
tu agis.
Tu ne prévois pas —
tu réponds au vivant.
Et dans ta réponse,
il y a une force qui ne vient pas du vouloir,
mais de l'accord instinctif avec l'instant.

Tu ne cherches pas à convaincre.
Tu es.
Et ton être en mouvement
devient action claire.
Ta puissance est sacrée
parce qu'elle ne veut rien :
elle fait,
elle porte,
elle incarne.
Et quand tu suis ton énergie,
tout en toi dit vrai.

# Canal 10/34 – L'exploration

*L'action alignée* : *faire naître le geste juste à partir de l'être profond*

Tu n'es pas guidé.e par l'extérieur.
Tu es ton propre cap.
Et ce cap ne passe pas par la tête,
mais par une résonance directe entre ton essence
et l'énergie qui te traverse.

Tu agis
comme on respire —
sans y penser,
par nécessité de cohérence.

Tu explores sans te perdre.
Parce que chaque mouvement vient du soi,
de ce lieu en toi qui ne ment pas.
Et dans cette fidélité à ton être,
tu traces des chemins
où d'autres n'auraient même pas osé regarder.

Tu es une présence qui agit.
Pas pour impressionner,
pas pour contrôler,
mais pour vivre
exactement ce que tu es venu vivre.
Et dans cette exploration libre,
tu inspires sans le vouloir,
tu élèves sans le chercher,
tu incarnes sans l'expliquer.

△ **Porte 10 (version 3) – La conduite intuitive**
*L'accord du corps et de l'être* : l'attitude juste qui émerge du présent ressenti

Chez toi, la conduite ne se planifie pas —
elle se ressent.
Ton corps devient guide,
ta présence devient langage.
Tu n'as pas besoin d'intention.
Quand tu es aligné·e,
chaque geste porte sa vérité propre.

Ta manière d'avancer,
de parler,
de te tenir…
tout cela exprime :
"Je suis en accord avec moi-même."
Et dans cette posture habitée,
tu invites les autres
à se réaligner à leur propre centre.

# △ **Porte 57 – L'intuition subtile**

*Le pressentiment du présent : cette voix intérieure qui parle avant la pensée*

Tu es la note inaudible
que seuls les corps très vivants entendent.
Tu viens sans prévenir,
tu repars sans insister.
Et pourtant, quand tu parles,
tout en nous sait que c'est vrai.

Tu n'as pas besoin d'argument.
Tu es évidence.
Mais une évidence qui se sent,
pas qui se prouve.
Tu n'analyses pas —
tu captes.
Dans le souffle du vent,
dans un frisson,
dans une ombre qui passe.

Ton langage est ancien.
Presque oublié.
Mais celui qui apprend à t'écouter
marche toujours à côté de la justesse.

# Canal 10/57 – La forme parfaite

*L'intuition incarnée : la justesse du geste quand le soi et le ressenti s'unissent dans l'instant*

Tu es ce mouvement juste
qui ne vient pas d'une décision,
mais d'un frisson intérieur.
Une réponse muette
à un appel que seul ton être a perçu.

Tu n'es pas dans le contrôle —
tu es dans la pure écoute.
Écoute du corps,
de l'instant,
du non-dit subtil
que ton être sait capter mieux que ta pensée.

Ton alignement ne s'apprend pas,
il s'habite.
Et plus tu te laisses traverser,
plus tu incarnes ce que tant cherchent sans le nommer :
la forme parfaite.
Non pas idéale —
mais profondément vraie.

Ton pas est ajusté,
ton rythme est précis,
ton comportement devient une poésie
écrite en direct par l'instant.
Et dans ce silence juste,
tu montres le chemin,
sans jamais dire où il va.

## ▽ Porte 11 – La paix

***Le rêveur intérieur*** *: celui ou celle qui porte les images du monde et les fait résonner dans la conscience*

Tu es un ciel constellé d'idées.
Non celles qui s'imposent,
mais celles qui murmurent,
qui frôlent,
qui s'installent doucement
comme un lever de brume dans l'esprit.

Tu es le rêve qui veille,
l'imagination qui relie.
Ton esprit est une lanterne :
il éclaire sans forcer,
il propose sans enfermer.

Tu ne cherches pas à convaincre,
tu veux simplement partager
ce qui vibre en toi,
ce que tu pressens,
ce qui t'appelle à voir plus loin.

△ **Porte 56 – Le voyageur**

*La parole vivante* : *raconter ce qui a été vécu pour faire sentir, faire comprendre, faire exister*

Tu es celui ou celle qui raconte.
Pas pour expliquer,
mais pour emmener.
Chaque mot est une barque,
chaque phrase une traversée.

Tu offres des paysages intérieurs,
tu fais goûter les mondes,
tu fais résonner le vécu.
Tu ne racontes pas tout.
Tu racontes ce qui touche.
Ce qui laisse une trace,
un éclat,
un écho.

Ta parole est mémoire,
mouvement,
et parfois simple sourire
posé sur le silence.

# Canal 11/56 – La curiosité

*L'exploration vivante des idées : ressentir, rêver, raconter pour relier*

Tu es un tisseur d'étoiles.
Un voyageur du dedans,
qui revient les bras chargés d'images
et le cœur prêt à les offrir.

Ton esprit s'émerveille,
ta parole transmet.
Tu navigues entre les idées
comme on explore un archipel de sens,
et tu en rapportes
des éclats de vérité partagée.

Tu n'es pas là pour prouver.
Tu es là pour éveiller.
Et dans tes récits,
ce n'est pas toi que l'on entend,
c'est une conscience collective
qui s'ouvre un peu plus.

Tu inspires non par discours,
mais par présence contée.
Et dans ta voix,
il y a l'élan ancien
de ceux qui savent que les histoires
sont les véritables passeurs de lumière.

## △ Porte 12 – L'ouverture

*L'expression émotionnelle* : la voix du cœur quand elle est prête à se dire

Tu ne parles pas tout le temps.
Tu parles quand c'est juste.
Et quand tu le fais,
chaque mot devient offrande.
Non pour convaincre,
mais pour toucher,
profondément.

Tu n'exprimes pas à la demande —
tu exprimes à l'appel.
Car ton canal est sensible,
fin, presque sacré.

Tu as besoin d'espace,
de qualité d'écoute,
d'un champ vibratoire dans lequel
ta voix peut vraiment résonner.

Quand tu t'ouvres,
ce n'est jamais un discours.
C'est un moment d'art.
Une émotion incarnée.

## △ Porte 22 – La grâce

***La présence sensible*** : *accueillir les émotions avec élégance et laisser la beauté traverser l'instant*

Tu es porosité.
Un être d'écoute et d'accueil,
ouvert aux nuances de l'instant,
aux frémissements de l'invisible.

Tu ressens le monde avant qu'il ne parle.
Et parfois, tu t'ouvres —
comme une fleur quand la lumière est juste.
Et parfois tu te retires,
sans bruit,
parce que le moment ne vibre pas.

La grâce qui t'habite n'est pas un style.
C'est une fréquence.
Un art de laisser les émotions vivre en toi,
sans les déformer,
sans les figer.
Tu es cette douceur rare
qui fait que même le silence devient présence.

# Canal 12/22 – L'ouverture

*Parler vrai,* quand le cœur est prêt. Éveiller le monde en révélant sa propre émotion incarnée.

Tu es cette vibration rare
qui attend la justesse.
Tu ne parles pas pour parler.
Tu attends que le moment t'appelle,
que le cœur s'aligne,
que le souffle donne l'accord.
Et alors, tu dis.
Et ce que tu dis devient clair,
émouvant, puissant,
parce que ça vient de là —
de cet endroit profond
où l'émotion rencontre la conscience.

Tu es poésie sonore,
parole incarnée.
Tu inspires parce que tu ressens.
Tu transformes, non par force,
mais par l'évidence
de ce que tu émets.
Et parfois, tu te tais —
et ce silence est tout aussi vibrant.

## △ Porte 13 – L'auditeur

*Le gardien des confidences* : *celui ou celle qui écoute le monde et conserve ses histoires*

Tu es l'oreille du vivant.
Tu reçois sans juger,
tu recueilles sans interrompre.
Tu portes en toi les voix du passé,
les blessures tues,
les joies secrètes,
les regrets devenus poussière.

Tu ne prends rien,
tu accueilles.
Et dans ton silence,
tant de récits trouvent enfin un lieu pour exister.

Tu es la mémoire fluide,
le cœur ouvert,
l'épaule discrète.
Tu es le témoin
dont la simple présence
apaise ceux qui parlent.

## △ Porte 33 – La retraite

*Le recul sacré* : *se retirer pour intégrer, pour préserver, pour mieux revenir*

Tu es celui ou celle qui se retire,
non pour fuir,
mais pour comprendre.
Tu quittes le tumulte
pour écouter l'écho,
pour tisser les fragments du vécu
en une forme qui pourra être transmise.

Tu es la pause,
la respiration entre deux actes,
la lumière douce qui descend
quand le rideau tombe.

Et quand tu reviens,
ce n'est pas pour reprendre ta place,
c'est pour raconter.
Avec pudeur,
avec discernement,
avec cette sagesse qui naît
de l'expérience digérée.

# Canal 13/33 – Le prodige

*La mémoire vivante* : *écouter, recueillir, se retirer… puis offrir un récit qui éclaire*

Tu es le gardien d'un feu ancien.
Non pas fait pour réchauffer les corps,
mais pour illuminer les consciences.

Tu avances dans le monde avec une attention pleine,
une qualité de présence rare.
Tu es celui ou celle qui capte,
sans interrompre,
qui ressent,
sans se perdre.

Et puis, un jour,
ta voix s'élève.
Et ce qu'elle dit devient guide,
non parce que tu sais,
mais parce que tu as vécu, compris.
Et transformé.

Tu es prodige,
non de talent,
mais de profondeur.
Ton pouvoir vient du vécu traversé,
de la solitude habitée,
du lien subtil avec le collectif.

Tu es mémoire incarnée.
Et dans ta parole déposée,
chacun retrouve une part oubliée de lui-même.

△ **Porte 16 – L'expression du talent**
*La voix de la répétition* : *rendre vivant ce qui a été longuement poli*

Tu es celle, celui,
qui répète sans se lasser.
Qui façonne l'élan,
qui polit la forme,
qui cherche non à briller,
mais à faire vibrer juste.

Tu crois en l'élégance de la répétition,
en la discipline du souffle,
en la beauté discrète de ce qui est maîtrisé.

Tu n'exprimes pas pour être vu,
tu exprimes parce que tu as assez pratiqué
pour sentir que maintenant,
le geste est sûr.

Ta voix porte le fruit du travail,
ton art parle de fidélité,
et dans ton expression,
le monde sent que quelque chose d'authentique s'ouvre.

## ▽ Porte 48 – La Profondeur

***La sagesse en silence*** : *un puits d'intelligence instinctive, vaste et exigeant*

Tu es cette profondeur tranquille
que peu osent sonder.
Ton savoir n'est pas fait de réponses,
mais d'échos.
Il habite ton ventre
comme une bibliothèque d'intuitions anciennes.

Tu ressens la faille,
la faiblesse,
l'imprécision.
Et en toi naît le désir de corriger,
non pour être parfait,
mais pour honorer ce qui mérite d'être accompli.

Tu n'aimes pas les raccourcis.
Tu veux comprendre en entier,
toucher le fond,
reconnaître la structure invisible des choses.
Et même si parfois tu doutes de toi,
ta profondeur est un don
que le temps affine
jusqu'à ce qu'il devienne évidence.

# Canal 16/48 – La longueur d'onde

*L'excellence incarnée* : creuser, répéter, affiner, jusqu'à ce que le geste parle de lui-même

Tu es un accord subtil entre l'instinct
et le raffinement.
Une note intérieure
que tu ajustes sans relâche
jusqu'à ce qu'elle résonne parfaitement.

Tu ne cherches pas à impressionner.
Tu veux sentir en toi
que c'est juste.
Et pour cela,
tu répètes,
tu affines,
tu t'engages dans la durée
comme un artisan amoureux de son art.

Ton talent n'est pas don,
il est fidélité.
Fidélité au geste,
au corps,
à l'écoute lente qui permet de progresser.

Et quand enfin, tu partages,
ce n'est plus toi qu'on entend —
c'est la vibration juste
que tu as su canaliser.
Tu es longueur d'onde.
Et ton art devient résonance.

## ▽ Porte 17 – Les opinions

***La vision mentale*** : *organiser les idées pour mieux les offrir au monde*

Tu regardes le monde
et tu cherches à l'ordonner.
Non pour le figer,
mais pour le rendre lisible.

Ton esprit trace des lignes,
pose des cadres,
structure la pensée
pour qu'elle puisse circuler.

Tu ne crois pas au chaos de l'opinion.
Tu crois à la vision.
Celle qui s'élabore lentement,
qui prend forme,
qui peut être transmise avec clarté.

Et même si parfois on résiste à ta logique,
tu n'imposes rien.
Tu proposes,
et tu laisses à chacun
le soin d'ajuster son regard.

## △ **Porte 62 – Les détails**

*La parole précise* : *mettre des mots justes sur ce qui veut être compris*

Tu observes ce que d'autres laissent filer.
Tu remarques,
tu nommes,
tu traduis l'invisible en concret.

Tu sais que la vérité peut se perdre
dans les grandes idées,
alors tu y mets des points d'ancrage :
un mot exact,
un exemple,
un chiffre parfois.

Tu es là pour que le mental touche la matière,
pour que les concepts deviennent tangibles,
accessibles,
humains.
Ta parole est sobre,
mais lorsqu'elle se dépose,
elle rend visible ce qui semblait flou.

# Canal 17/62 – L'acceptation

*Voir, organiser, transmettre* : offrir au monde une pensée claire, simple, applicable

Tu es la passerelle
entre la vision intérieure
et la compréhension partagée.
Ton mental ne s'agite pas,
il construit.
Il structure,
comme on sculpte une idée dans le marbre du silence.

Tu ne veux pas avoir raison —
tu veux que ce soit clair.
Et dans cette rigueur bienveillante,
tu offres un appui,
un socle,
une direction.

Tu sais que les idées ne servent à rien
si elles ne sont pas dites au bon moment,
dans la bonne forme.
Alors tu affines,
tu patientes,
tu précises.
Et un jour, tu parles.
Et ta parole devient pont.
Elle unit ceux qui cherchent à comprendre
et ceux qui ne savaient pas qu'ils savaient déjà.

## △ Porte 18 – La correction

*La justesse instinctive* : *reconnaître les déséquilibres et proposer une voie vers l'équilibre*

Tu sais.
Sans savoir comment tu sais.
Quelque chose en toi reconnaît l'erreur,
non comme une faute,
mais comme un écart doux,
un désalignement subtil
qui demande à revenir à l'essence.

Tu ressens les failles
comme on entend une dissonance dans une musique.
C'est instinctif, immédiat,
et profondément juste.

Tu n'as pas besoin de prouver.
Tu poses ton regard,
et déjà, quelque chose se redresse.

Ton exigence est amour.
Un amour ancien,
silencieux,
qui ne veut pas corriger pour contrôler,
mais pour faire émerger la forme cachée
sous le désordre apparent.

Ce n'est pas un effort.
C'est un ajustement.
Comme si l'univers, à travers toi,

se souvenait
de ce qu'il était destiné à devenir.

▽ **Porte 58 – La vitalité**

*L'enthousiasme du mieux* : cette joie profonde de voir les choses évoluer.

Tu es un élan qui ne s'épuise pas.
Une force joyeuse,
faite de désir d'amélioration,
de mouvement vers le mieux.

Tu ne regardes pas ce qui manque avec amertume,
mais avec curiosité.
Tu veux comprendre, affiner, élever.
Pas pour obtenir,
mais pour honorer ce qui attend d'être révélé.

Ton enthousiasme est contagieux.
Tu ne pousses pas,
tu inspires.
Et derrière chaque amélioration,
il y a ton énergie discrète,
ta pulsation vive,
ta foi dans le progrès.

# Canal 18/58 – Le jugement

***L'intelligence du cœur attentif*** : sentir ce qui cloche, non pour le corriger, mais pour l'aimer jusque dans sa justesse retrouvée

Tu entres dans le monde
avec une oreille fine,
un œil silencieux,
une peau qui frissonne au moindre écart.
Tu ne cherches pas les erreurs,
tu les ressens.
Comme une vibration qui sonne faux,
comme une tension qu'on ne voit pas
mais que ton être capte d'instinct.

Ce n'est pas le chaos qui te gêne —
c'est l'oubli de la beauté.
Et tu ne critiques pas.
Tu murmures,
tu ajustes,
tu montres une autre voie.
Pas pour imposer ta vision,
mais pour honorer ce que chaque chose peut devenir
quand elle est remise dans son axe.

Ta force n'est pas dans le verdict,
mais dans la justesse du geste,
dans ce soin invisible
que tu apportes aux formes blessées.
Tu n'exiges pas la perfection.
Tu la pressens.
Et tu offres ton regard

comme on tend une main
vers une promesse encore floue,
mais profondément vraie.

## ▽ Porte 19 – L'approche

*La peau du lien* : percevoir les besoins avant qu'ils ne soient nommés

Tu ressens le manque
avant même qu'il se manifeste.
Un regard fuyant,
une tension dans l'air,
un soupir retenu —
tout te parle.

Tu avances à fleur de peau,
comme un animal ancien
qui capte la faim, la peur, la solitude.
Tu n'analyses pas,
tu pressens.

Et dans ton approche,
il n'y a ni conquête,
ni demande :
juste ce besoin brut
d'être en lien,
dans la simplicité du partage,
dans la sécurité de la présence.

Tu ne supportes pas la distance froide.
Tu veux tisser,
réunir,
entrelacer.

## ▽ Porte 49 – La révolution

***La justice viscérale*** : *dire non quand le lien n'honore plus l'humain*

Tu es la ligne qu'on ne franchit pas.
Pas par principe —
mais par amour.
Tu ressens quand le pacte silencieux se brise,
quand l'équilibre du donner et du recevoir
se désaccorde doucement,
comme une corde trop tendue qui finit par rompre.

Alors, ce n'est pas la colère qui parle.
C'est la clarté.
Une justice nue,
aussi tranchante qu'un silence plein.
Sans cri.
Sans retour.

Ton émotion n'est jamais un caprice.
C'est une boussole sacrée.
Elle sait quand l'amour se déforme,
quand la tendresse devient transaction,
quand la loyauté se paie de renoncements.

Et dans ton refus,
il y a une promesse.
Celle d'un lien réinventé,
plus juste,
plus vivant,
plus humain.

# Canal 19/49 – La synthèse

*Sentir la fragilité de l'autre* et s'engager pour un lien vrai, réciproque, vibrant

Tu es cet espace entre deux êtres,
où l'on s'approche sans envahir,
où le besoin devient offrande,
et la proximité, un choix sacré.

Tu ressens l'appel de l'autre
dans le silence de ses gestes,
dans la tension de ses attentes inavouées.

Et tu tends la main.
Pas pour te fondre.
Mais pour accueillir.
Tu n'aimes pas à tout prix.
Tu aimes avec conscience.
Et tu restes,
tant que l'échange respire librement,
tant que l'émotion circule avec vérité.

Tu offres ta présence comme un sanctuaire,
à ceux qui savent écouter,
respecter l'espace,
et honorer la tendresse sans la retenir.

## ▽ Porte 20 – L'instant présent

***La parole immédiate*** : *dire et faire en même temps, depuis la présence pleine*

Tu es ici.
Pas dans l'idée.
Pas dans l'attente.
Ta conscience est acérée,
posée dans le souffle de l'instant.

Tu vois ce qui est,
et tu agis depuis ce lieu-là —
sans projection,
sans passé.

Ta parole n'explique pas.
Elle révèle.
Elle accompagne le geste
et en devient l'écho juste.

Tu es présence qui agit,
et dans ce simple fait,
tu incarnes déjà ta vérité.

## ▽ Porte 34 – La puissance

**La force vivante** : *une énergie brute qui ne demande ni permission, ni explication*

Tu es ce feu intérieur
qui ne fait pas de détour.
Quand l'élan est là,
tu bouges.

Tu ne consultes pas la peur,
ni les autres,
ni même le temps.
Tu n'es pas violence —
tu es vérité incarnée.

Tu ne cherches pas le pouvoir,
tu es la puissance
quand elle se met en mouvement depuis l'alignement le plus profond.
Et quand tu réponds à l'appel,
tout ton corps devient direction.

## Canal 20/34 – Le charisme

***L'énergie incarnée*** : *agir sans réfléchir, parce que le moment appelle et que tu y réponds*

Tu es mouvement pur.
Tu ne prépares pas —
tu réagis avec tout ton être.
Et c'est dans cette réponse immédiate
que ta force devient magnétique.

Tu ne cherches pas à être vu·e,
mais quand tu agis,
tout en toi rayonne :
la puissance brute du sacral,
la conscience nue du présent,
le "oui" qui devient action
sans passer par les filtres.

Tu ne suis aucun scénario.
Tu suis ce que ton énergie sait,
même si ta pensée n'a pas encore compris.
Et dans cette spontanéité souveraine,
tu inspires sans effort.
Parce que tu fais ce que beaucoup n'osent plus :
vivre ce que tu es au moment exact où cela veut naître.

## ▽ **Porte 20 – L'instant présent** (version 2)

***La voix nue de l'instant :*** *traduire l'invisible au moment même où il se révèle*

Tu es ici.
Entièrement.
Tu n'es pas en train de penser.
Tu es en train de ressentir —
et déjà, tu sais ce qu'il faut dire.

Ta parole n'arrive jamais trop tôt,
jamais trop tard.
Elle surgit comme un reflet juste
dans la lumière du moment.

Tu n'annonces rien.
Tu ne promets rien.
Tu es dans le présent,
et ce simple fait rend ta voix vraie.

Tu ne parles pas pour combler.
Tu parles quand l'écho intérieur devient clair,
quand le corps dit : maintenant.
Et dans ce mot qui naît,
il y a tout :
la finesse du ressenti,
la précision du souffle,
la vérité qu'on ne peut plus taire.

▽ **Porte 57 – L'intuition**

*Le frisson du présent* : cette connaissance subtile, animale, qui traverse sans prévenir

Tu es fait·e d'échos.
Tu entends ce que les autres ne captent pas :
le frémissement d'un déséquilibre,
le silence chargé d'un danger,
la justesse qui appelle.

Ton savoir ne vient pas des mots.
Il vient d'un lieu plus ancien,
un souffle bref,
une vibration sous la peau.

Tu sais.
Avant de comprendre.
Et souvent sans pouvoir l'expliquer.
Ton corps est un instrument affûté
par le vivant.
Et quand il sonne juste,
mieux vaut l'écouter.

# Canal 20/57 – Les ondes cérébrales

*L'intuition exprimée* : *une vérité perçue dans l'instant et offerte sans calcul*

Tu es un point d'accord entre le silence et le mot.
Un canal vivant
où l'invisible prend forme.
Tu ne prépares rien,
tu ressens.
Et parfois, sans même y penser,
ta voix s'élève.
Elle n'explique pas.
Elle dévoile.

Tu captes des vérités légères comme un frisson,
et tu les offres sans ornement,
parce que l'instant le demande,
parce que ton corps a dit : maintenant.

C'est dans cette spontanéité nue
que ton charisme opère :
ce n'est pas ce que tu dis,
c'est d'où tu le dis.
Et dans ce lieu-là,
se trouve toute la sagesse de l'instant.

△ **Porte 21 – Le contrôle**

**Maîtrise et volonté** : diriger non par force, mais par responsabilité profonde

Tu ne veux pas régner,
tu veux tenir la barque.
Savoir ce qu'il y a.
Décider quand il faut.
Préserver l'équilibre des ressources
comme on veille sur un feu sacré.

Tu n'as pas peur du poids.
Tu prends les rênes
quand d'autres hésitent.
Et dans ton geste ferme,
il n'y a pas d'orgueil —
juste la certitude
qu'il faut parfois tenir
pour que les autres puissent se détendre.

Ton autorité est un ancrage.
Et quand tu dis oui ou non,
c'est le clan entier qui se réorganise.

## △ Porte 45 – Le leadership matériel

**Conduire le territoire** : *guider par la voix, gouverner par le partage*

Tu es la voix du groupe.
Celle qui désigne,
répartit,
protège.

Tu ne gouvernes pas pour briller.
Tu gouvernes pour faire tenir le cercle,
pour que chacun trouve sa place
et sa juste part.

Ta parole décide,
mais elle s'appuie sur une écoute ancienne,
une conscience des rythmes du monde,
de ce qui soutient,
de ce qui affaiblit.

Ton autorité est enracinée.
Et si elle porte loin,
c'est parce qu'elle résonne vrai.

# Canal 21/45 – Le canal de l'argent

***Pouvoir tribal*** : *rassembler, protéger, répartir, en alliant force et loyauté*

Tu es le pilier silencieux
qui veille à ce que tout continue.
Tu ne cherches pas l'abondance pour toi —
tu veux que chacun reçoive ce qu'il lui faut
pour exister en paix.

Tu es à la fois main et voix.
Main qui garde,
qui donne,
qui tranche parfois.
Voix qui décide,
mais toujours avec le groupe dans le cœur.

Ton pouvoir n'est pas égo —
c'est un engagement.
Celui d'assumer ce qui pèse,
pour que d'autres puissent s'épanouir.

Et dans cette posture droite,
tu incarnes une noblesse ancienne :
celle de ceux qui gouvernent,
non parce qu'ils en ont besoin,
mais parce qu'ils savent
ce que cela coûte
de tenir debout pour les autres.

## △ **Porte 23 – L'assimilation**

*La parole du génie* : rendre accessible ce qui, sans toi, resterait silence

Tu es le passage.
Celui ou celle qui traduit
ce que même les mots ne savent pas encore dire.
Ce n'est pas la quantité que tu cherches.
C'est la clarté.
La formulation juste
qui rend visible l'étrange beauté d'une idée neuve.

Tu parles quand c'est prêt.
Tu n'as pas besoin d'enrober.
Ta voix tranche,
offre,
révèle.
Et ce que tu dis reste en suspension
dans ceux qui t'ont entendu.

△ **Porte 43 – La percée**

*Le génie intérieur* : entendre l'évidence que le monde ne voit pas encore

Tu entends ce que personne n'entend.
Un chant dans le silence,
un éclat dans l'évidence,
une vérité venue d'ailleurs
et pourtant familière,
comme un souvenir ancien qui revient sans nom.

Ce que tu sais,
tu ne l'as pas appris.
Tu l'as reçu.
Et parfois, tu restes seul·e avec cette lumière,
parce que personne n'est encore prêt à la regarder.

Mais tu ne doutes pas.
Tu creuses,
tu écoutes,
tu raffines.
Et quand l'instant se présente,
tu ouvres la main
et la percée se révèle.

# Canal 23/43 – La structuration

*Faire entendre l'invisible* : accoucher d'une vision intérieure dans un langage qui transforme

Tu es traversé·e par une pensée
qui ne vient pas de la surface.
Elle te surprend parfois toi-même,
cette évidence qui te visite
comme un éclair muet.

Tu sais,
mais tu sais sans preuve.
Et tu apprends à attendre.
Car ton génie a besoin d'un seuil :
le bon moment,
l'oreille ouverte,
la vibration réceptive.

Alors tu gardes le silence
jusqu'à ce que ton savoir puisse naître
dans la lumière d'une parole claire.
Et quand cela arrive,
tu transformes.
Pas avec des démonstrations.
Avec une simple phrase
qui change tout.

Tu n'as pas besoin d'être compris tout le temps.
Tu es là pour introduire l'inattendu,
pour fissurer l'évidence,
pour souffler un vent neuf
sur les vieilles certitudes.

## ⚠ Porte 24 – Le retour

*La pensée en boucle* : *revenir encore et encore, jusqu'à ce que l'idée trouve sa forme*

Tu penses en spirale.
Tu tournes autour d'une idée
comme on marche autour d'un feu.

Tu l'as presque.
Puis tu l'oublies.
Puis elle revient —
plus fine,
plus claire,
plus tienne.

Tu ne conclus pas trop vite.
Tu laisses les choses revenir,
te traverser à nouveau,
te parler autrement.

Et un jour, sans prévenir,
tu sais.
Et cette connaissance,
tu ne peux même pas dire quand elle est née —
seulement qu'elle est là,
comme une évidence déposée en toi.

## △ **Porte 61 – La vérité intérieure**

*La contemplation du mystère* : ce qui ne s'explique pas mais ne cesse d'appeler

Tu portes des questions
que personne ne t'a posées.
Des "pourquoi" qui grondent en silence,
des éclats de sens
qui surgissent au milieu de rien.

Tu regardes l'invisible
comme d'autres lisent un livre.
Tu veux comprendre,
non pour maîtriser,
mais pour sentir que le monde
a une structure secrète
que l'âme peut toucher.

Ta vérité n'est pas une réponse.
C'est une vibration.
Un frisson intérieur,
comme si quelque chose d'immense te reconnaissait.

# Canal 24/61 – La pleine conscience

*Comprendre sans chercher, savoir sans s'imposer* : la vérité qui s'invite par le silence

Tu es une chambre d'écho.
Les mystères résonnent en toi
comme des prières sans mots.
Tu ne te presses pas,
tu écoutes,
tu attends.
Et dans cette patience sacrée,
le sens s'infuse.

Tu ne captes pas la vérité —
tu la reçois,
petit à petit,
dans les replis calmes de ta conscience.
Tu es un penseur sans dogme.
Un explorateur du dedans,
pour qui l'éclair de génie
arrive souvent
au moment le plus simple,
le plus ordinaire.

Et c'est là ta magie :
tu transformes l'invisible en forme,
le mystère en message.
Non pour convaincre,
mais pour partager le feu doux
de ce que tu as traversé.

# △ **Porte 25 – L'amour universel**

*La présence nue* : aimer sans attente, accueillir sans condition, être sans défense

Tu es ce cœur grand ouvert
qui ne retient rien.
Tu n'as pas besoin qu'on t'aime
pour aimer.

Tu offres ton amour
comme la lumière du matin :
sans préférence,
sans calcul,
sans direction précise.

Tu ne choisis pas qui mérite.
Tu aimes parce que c'est ta nature.
Parce que l'amour, en toi,
n'est pas un sentiment —
c'est un état.

Et dans ta présence douce,
on se sent vu.
Entièrement.
Sans jugement.
Et soudain, on se sent libre…
d'être exactement ce que l'on est.

## △ Porte 51 – Le choc (L'éveilleur)

***L'impact sacré*** : *quand le monde se fend pour qu'une lumière plus vaste puisse entrer*

Tu es le tremblement.
Le souffle brutal qui arrache les voiles
et ouvre l'âme
d'un seul coup.

Tu ne demandes pas la permission.
Tu ne frôles pas :
tu traverses.
Et dans ce bouleversement,
quelque chose s'ouvre —
une clarté nouvelle, douloureuse d'abord,
mais pleine de promesse.

Tu es l'éclat qui dérange
parce qu'il est vrai.
Le vertige qui libère,
même s'il déstabilise.

Tu ne viens pas pour rassurer.
Tu viens pour éveiller.
Et parfois, la lumière entre
par la fissure que tu ouvres.

## Canal 25/51 – L'initiation

***Tomber. Toucher le fond***. *Et découvrir qu'au cœur du vide… il y a encore l'amour.*

Tu es une épreuve vivante.
Un passage.
Un rite sacré.
Tu bouscules,
non pour briser,
mais pour révéler.
Et ceux qui croisent ton chemin
ne sont plus jamais tout à fait les mêmes.

Mais ce que tu portes, au fond,
ce n'est pas la douleur.
C'est l'amour que l'on découvre
seulement après avoir tout perdu.

Tu connais l'abandon,
le vertige,
la perte de repères.
Mais tu sais aussi ce miracle discret :
qu'au milieu du chaos,
quand tout s'écroule,
l'essentiel reste.

Et cet essentiel,
c'est ce que tu incarnes :
un amour si vaste
qu'il ne retient rien,
qu'il traverse même l'absence,

et murmure encore quand tout s'est tu.

Tu es l'initiation.
Et dans ta présence,
le monde se souvient que la chute
peut être le commencement
de quelque chose d'infiniment plus vrai.

# △ Porte 26 – L'astuce

*L'art de transmettre* : *influencer avec justesse, convaincre sans trahir*

Tu sais parler au cœur.
Pas pour séduire —
pour toucher juste.

Tu choisis tes mots comme on tend la main :
avec intention,
avec précision,
avec responsabilité.

Ton charisme ne crie pas.
Il s'infiltre,
parce qu'il sait ce qu'il dit,
et pourquoi il le dit.

Tu transmets ce qui compte.
Tu ajustes,
tu simplifies,
tu transformes ce qui semble banal
en une proposition qui peut tout changer.

Et surtout,
tu ne promets que ce que ton courage peut tenir.
Ta force n'est pas dans le discours,
mais dans l'intégrité
qui soutient chaque mot.

## △ **Porte 44 – La vigilance**

*L'instinct de mémoire : sentir ce qui vient en reconnaissant ce qui a déjà été*

Tu sens les histoires qui se répètent.
Les accords passés,
les trahisons à peine digérées,
les gestes anciens qui reviennent sous d'autres visages.

Tu es mémoire incarnée,
non celle des mots,
mais celle du corps.
Un parfum te suffit.
Un silence, une tension,
et tu sais.
Qui est fiable.
Ce qui va durer.
Ce qui peut guérir —
ou blesser à nouveau.

Tu es le gardien·ne silencieux·se
des leçons apprises.
Et ton flair guide le groupe
avec une lucidité discrète.

# Canal 26/44 – Le changement

***Apprendre, sentir, ajuster.*** *Et transmettre ce qui peut servir à tous.*

Tu es un canal de transformation souterraine.
Pas de révolution,
mais de correction.
Pas de rupture,
mais d'ajustement patient
et habile.

Tu avances avec mémoire.
Tu regardes le présent
avec les yeux du passé.
Et ce que tu transmets,
c'est une manière de faire mieux.
De protéger.
D'éviter les pièges.
D'ouvrir les possibles.

Ton pouvoir n'est pas frontal —
il est fin, intuitif, stratégique.
Et pourtant, c'est lui
qui peut sauver tout un système.
Tu es mémoire vive,
intégrité fluide,
et sens du bon moment.
Et ce que tu offres
n'est jamais forcé.
Juste une invitation habile
à évoluer ensemble.

## △ **Porte 27 – La nourriture**

*Le soin qui soutient la vie* : *donner sans se perdre, aimer sans attendre de retour*

Tu es une source.
Silencieuse,
mais indispensable.
Tu es là quand les corps tombent,
quand les âmes vacillent.

Tu t'occupes.
Tu soutiens.
Tu nourris —
de gestes,
de présence,
de constance.

Ton amour n'est pas bruyant,
mais il est vaste.
Et parfois,
tu donnes jusqu'à t'oublier.
Mais quand tu tournes ton soin aussi vers toi,
ce que tu offres devient lumière stable,
plutôt que flamme qui s'épuise.

## ▽ Porte 50 – Les valeurs

***Le socle du vivant*** *: ce que tu protèges, même quand personne ne regarde*

Tu es le cœur discret de la tribu.
Celui, celle,
qui veille au feu,
qui garde les fondations,
qui sent quand quelque chose menace l'équilibre.

Tu ne cries pas.
Tu tiens.
Fermement,
intimement.
Tu sais ce qui est juste,
pas parce qu'on te l'a appris,
mais parce que ton corps le sent.

Et tu ne trahis pas cette sensation.
Même quand tout change,
tu restes fidèle à l'essentiel.

# Canal 27/50 – La préservation

**Garder la vie dans ses mains** : prendre soin comme une force, aimer comme un acte de courage

Tu n'es pas douceur fragile.
Tu es tendresse puissante.
Tu portes cette force ancienne
qui sait ce dont les autres ont besoin
avant même qu'ils le demandent.

Tu tiens l'espace.
Tu fais que la vie puisse continuer.
Non pas avec éclat —
mais avec constance,
avec fidélité,
avec amour.

Tu protèges.
Tu nourris.
Tu fais en sorte que rien ne manque,
et que chacun puisse grandir en sécurité.

Et dans ce don infini,
parfois invisible,
tu incarnes l'un des visages les plus vrais de l'amour :
celui qui prend soin,
sans bruit,
mais sans jamais flancher.

## ▽ Porte 28 – Le sens du risque

*Affronter l'absurde* : chercher ce qui mérite d'être vécu, même au prix de tout perdre

Je m'avance dans l'obscur,
non pour m'y perdre,
mais pour y deviner le feu sacré
qui murmure un sens oublié.

Chaque vide que je frôle me rappelle que j'existe,
que mon âme cherche un combat
à la hauteur de son intensité.

Je ne fuis pas l'absurde —
je le redessine, je l'habite.
Je ne cherche ni victoire, ni trône :
je cherche la profondeur d'un souffle vrai.

Et quand le jeu devient cruel,
je souris.
C'est là que je me reconnais.

## ▽ Porte 38 – L'instinct du juste combat

*Résister à l'oubli* : *se battre pour ce qui fait vibrer l'âme, même dans le silence*

Je suis né.e pour résister,
non par goût de guerre,
mais par loyauté envers ce qui me traverse.

Dans mes cellules, je sais ce qui mérite
l'effort, la rage douce, le silence droit.
Je me tiens debout –
seul s'il le faut, meurtri mais vivant.

Je défends le feu intérieur
contre la tiédeur des compromis.
Mon courage ne fait pas de bruit.
Il respire, il enracine.

Et dans chaque lutte alignée,
je me retrouve…
entier.

# Canal 28/38 – Le canal de la lutte

*Transformer le combat en quête* : affronter le vide pour trouver le sens

Tu n'es pas là pour céder.
Tu es là pour comprendre ce qui vaut la peine d'être défendu.

Tu sens dans ton corps ce qui est vrai.
Ce qui appelle un engagement total,
même si le monde ne comprend pas.
Même si c'est difficile.
Même si c'est inconfortable.

Tu ne luttes pas contre tout.
Tu luttes pour ce qui compte.

Pour l'essence.
Pour l'alignement.
Pour ce qui sonne juste,
même dans le silence.

Ta force ne vient pas de la colère,
mais du sens.

Et quand la vie te teste,
quand elle te pousse dans tes retranchements,
tu ne recules pas.
Tu plonges,
parce qu'au fond du défi,

tu sais que se cache une vérité.

Tu es l'être qui transforme la survie en voie sacrée.
Celui ou celle qui ne se contente pas de vivre —
mais qui cherche une raison de se tenir debout,
le cœur brûlant,
dans un monde qui vacille.

△ **Porte 29 – L'engagement**

*Le "oui" entier* : *celui qui ouvre les portes et transforme la vie en chemin d'expérience*


Quand tu dis oui,
ce n'est pas léger.
Tu t'offres tout entier.
Tu entres dans l'expérience
comme on entre dans un temple.
Avec foi,
avec curiosité,
avec passion.

Tu ne survoles pas.
Tu plonges.
Et c'est dans ce plongeon
que tu découvres qui tu es.

Mais ton oui n'a de valeur
que lorsqu'il vient de ton ventre —
quand il résonne vrai,
sans pression,
sans compromis.
Alors tu t'engages,
et la vie t'ouvre.

## △ **Porte 46 – La détermination**

*L'amour du corps*, *de la chance incarnée, du chemin qui s'écrit en marchant*

Tu es fait·e pour la matière.
Pour la marche.
Pour le contact avec le monde.
Tu ne choisis pas l'expérience,
elle te choisit.

Et tu l'accueilles,
non pas pour réussir,
mais pour vivre.
Ton corps sait.
Il te guide,
t'oriente,
t'ajuste.

Et c'est dans la confiance à ce corps-là,
que tu trouves ta direction.
Ta chance n'est pas un hasard :
c'est ta présence qui l'appelle.

# Canal 29/46 – La découverte

***Vivre l'expérience à corps ouvert*** : *s'engager dans la vie, non pour réussir, mais pour ressentir*

Tu ne cherches pas la perfection.
Tu cherches à vivre.
Et vivre, pour toi,
c'est dire oui quand c'est juste,
et y aller jusqu'au bout.

Tu n'as pas peur de l'erreur,
car tu sais que tout est passage.
Chaque détour t'enseigne.
Chaque rencontre façonne ton chemin.
Et ton chemin se dessine
non sur une carte —
mais sous tes pas.

Tu es un corps en mouvement,
un cœur qui apprend par immersion.
Et quand ton énergie sacrale s'aligne
avec ton amour du monde,
alors tout devient expérience sacrée :
non pas pour prouver,
mais pour découvrir.

Ce que tu explores,
c'est toi-même.
Et plus tu dis oui à la vie,
plus elle te révèle sa richesse.

## △ **Porte 30 – Les sentiments**

*Le feu du désir* : *l'intensité de vouloir vivre jusqu'au bout, même sans garantie*

Tu veux tout sentir.
Pas un peu.
Pas à moitié.
Tu veux l'extase et l'effondrement,
le frisson et la peur,
la lumière et ce qui tremble dans l'ombre.
Tu veux vivre
jusqu'à ce que ton corps s'en souvienne.

En toi, le désir n'est pas une simple envie —
c'est un feu sacré.
Un feu qui ne demande pas la garantie du bonheur,
mais celle d'une vie réelle,
pleine,
traversée.

Tu n'as pas peur de l'intensité,
même si parfois elle t'épuise.
Tu avances,
même les mains vides,
tant que ton cœur est en feu.

Tu ne cherches pas la maîtrise.
Tu cherches la vérité d'un moment
qui te transforme.
Et tu es prêt·e à brûler pour elle.

## △ **Porte 41 – La contraction**

*Le rêve concentré* : là où naît le désir, dans un frémissement d'âme retenu

Tu portes l'origine du rêve.
Ce moment suspendu
où tout est encore possible,
mais rien n'a commencé.

Tu es l'élan silencieux,
la graine du désir
qui attend le bon sol pour éclore.
En toi, le feu est contenu,
mais il brûle doucement,
cherchant l'expérience
qui pourra lui donner forme.

Tu ne cours pas après tout.
Tu attends ce qui a du sens,
ce qui te touche vraiment.
Et dans cette retenue,
tu appelles ce qui est prêt à naître.

# Canal 30/41 – La reconnaissance

*Désirer, rêver, vivre.* *Et découvrir, dans chaque émotion, une vérité en mouvement*

Tu es un point de départ.
Un frisson avant le voyage.
Un rêve qui prend racine dans le corps.
Tu ne cherches pas des objectifs —
tu cherches des expériences.
Des instants qui brûlent,
qui émeuvent,
qui marquent.

En toi,
le désir n'est pas caprice :
c'est une prière.
Un appel vers quelque chose de plus grand,
qui pourtant parle en ton nom.

Tu es ce canal par lequel
le rêve descend dans la chair.
Et même si le chemin est intense,
parfois tumultueux,
tu es prêt·e.

Tu veux vivre tout ce qui doit être vécu.
Et dans ce feu,
tu apprends à reconnaître
ce qui te révèle vraiment.

## ▽ Porte 32 – La continuité

*La vigilance instinctive* : *garder ce qui vaut, transformer sans trahir l'essentiel*

Tu es la mémoire du vivant.
La gardienne du possible.
Tu sais sentir ce qui durera
et ce qui s'effondrera trop tôt.

Ton instinct ne parle pas fort,
mais il parle vrai.
Il sent le potentiel,
le fragile,
le solide.

Tu n'es pas là pour courir.
Tu es là pour choisir.
Ce qui mérite qu'on s'y engage,
ce qui survivra aux tempêtes.

Ta sagesse n'est pas lente,
elle est ancrée.
Et quand tu dis oui,
c'est tout un cycle de croissance
qui peut enfin commencer.

△ **Porte 54 – L'ambition**

*L'appel intérieur* à s'élever, non pour dominer, mais pour accomplir avec sens

Tu sens en toi une tension vers le haut —
pas celle qui écrase,
mais celle qui pousse,
doucement, obstinément,
à devenir plus grand que ce que tu crois possible.

Ce n'est pas le sommet qui t'appelle,
mais ce qu'il permet :
la transmission,
la reconnaissance partagée,
l'élan d'élever d'autres à ton tour.

Tu gravis non pour paraître,
mais pour servir.
Chaque pas devient offrande,
chaque succès, un socle.

Et si ton feu est discret,
il n'en est pas moins sacré.
Il est celui qui transforme l'élan en œuvre,
et l'œuvre en contribution.

## Canal 32/54 – La transformation

*Faire mûrir l'ambition* dans le terreau du réel, et l'élever au service du collectif

Tu es cette tension féconde
entre la graine et le fruit.
Entre l'élan d'ascension
et la patience du vivant.

Tu sens le moment,
tu pèses les chances,
tu attends le oui du sol
avant d'y planter ta force.

Ton ambition n'est jamais seule.
Elle cherche l'appui,
le lien,
le regard de ceux qui avancent à tes côtés.
Car tu sais que la réussite
n'a de valeur que si elle s'enracine.
Si elle nourrit,
si elle soulève le monde autour.

Tu es transformation,
non comme passage brutal,
mais comme maturation lente.
Tu fais de la persévérance
un chemin sacré vers la réalisation.
Et quand tu t'élèves,
c'est tout un collectif
qui prend de la hauteur avec toi.

## △ Porte 34 – La puissance

*L'élan sacré* : *une force vivante qui naît du ventre et rayonne sans effort*

Tu es énergie pure.
Une réponse vivante
à l'appel du moment.

Tu n'agis pas pour prouver.
Tu agis parce que ça bouge en toi.
Parce que ton corps sait
quand c'est le moment d'avancer,
de bondir,
de créer.

Ta force ne cherche pas la scène.
Elle s'impose par sa présence.
Elle traverse les mots,
elle devance les pensées.
C'est une puissance tranquille,
mais inarrêtable.
Le feu du vivant
qui dit oui sans hésiter
quand tout s'aligne.

Tu es la rivière qui ne demande pas la permission,
le cœur qui bat sans qu'on lui dise comment.
Tu es cette force qui sait,
qui fait,
qui transforme
rien qu'en avançant.

## △ **Porte 57 – L'intuition**

***Le frisson juste*** : *cette sagesse silencieuse qui traverse sans prévenir*

Tu entends ce que les autres ignorent.
Un décalage dans le souffle,
une dissonance dans l'air,
une vérité que seul ton corps perçoit.

Ton instinct est aigu.
Rien ne t'échappe,
même ce qui n'a pas encore pris forme.

Tu es fait·e pour écouter les silences,
pour sentir ce qui approche
sans avoir besoin d'en parler.

Ta force n'est pas dans l'argument,
mais dans l'ajustement instantané,
comme un animal qui change de direction
avant que le danger ne se montre.

# Canal 34/57 – La transformation

***Agir quand c'est juste.*** *Répondre à l'instant avec la totalité de son être.*

Tu ne fais pas de plan.
Tu es là.
Et quand ça résonne,
tu bouges.

Tu es l'écoute fine
mariée à la force pure.
Le souffle qui capte,
et le muscle qui agit.

Tu n'as pas besoin de preuves,
ni de temps pour réfléchir.
Tu ressens,
tu sais,
et tu laisses ton corps dire oui.
Et dans cette réponse vive,
ce que tu touches se transforme.

Tu n'es pas ici pour convaincre.
Tu es ici pour être prêt·e,
et pour suivre l'élan
quand le monde murmure : maintenant.

△ **Porte 35 – Le progrès**

*La voix de l'expérience* : *avancer par le vécu, parler depuis ce qui a été traversé*

Tu es le goût du monde.
L'élan d'aller voir,
d'aller vivre,
d'aller sentir.
Tu ne parles pas de ce que tu sais,
tu parles de ce que tu as vécu.

Tu cherches l'expérience,
non pour fuir l'ennui,
mais pour découvrir
ce que seule la traversée peut enseigner.

Chaque histoire que tu portes
est une empreinte sur la peau de l'instant.
Et dans ta voix,
il y a la mémoire de ce qui a été vécu —
et la promesse de ce qui reste à vivre.

## △ Porte 36 – La crise

***La traversée du trouble*** : *le chaos émotionnel comme seuil de transformation*

Tu es cette intensité soudaine
qui surgit sans prévenir,
comme une vague qui monte sans vent.
Tu ressens trop, trop fort, trop vite —
mais jamais pour rien.

Car au cœur de ta tempête,
il y a toujours un passage.
Tu es le feu de la crise,
non pour brûler,
mais pour transmuter.

Tu vis ce que d'autres contournent.
Tu entres dans l'inconfort,
dans le trouble,
dans l'incertain.
Et tu en ressors changé.
Pas plus fort —
plus vrai.

# Canal 35/36 – La transition

*L'expérience en mouvement* : vivre pour ressentir, traverser pour transmettre

Tu es la vague.
Pas seulement l'émotion,
mais tout le courant :
le creux, la montée, le déferlement.
Tu ne cherches pas la stabilité,
tu cherches la vérité qui naît
dans la traversée.

Ta vie est faite de chapitres
que tu n'as pas choisis d'avance,
mais que tu embrasses entièrement
quand ils se présentent.

Tu es le témoin du changement.
Celui qui vit pour dire :
« Je suis passé par là. »
Et dans cette parole-là,
les autres trouvent du courage.

Tu ne restes pas dans le connu.
Tu avances, même dans le flou,
parce que tu sais
que c'est en vivant pleinement
que la sagesse s'écrit.
Tu es transition.
Un passage,
une voix,
une histoire en train de se faire chair.

## △ **Porte 37 – L'amitié**

*Le lien du cœur : offrir sa présence, soutenir sans condition, créer du lien vrai*

Tu es une main tendue.
Une épaule qui ne pose pas de question.
Une chaleur simple
qui dit : je suis là.

Tu es fait·e pour la tribu.
Pour les repas partagés,
les silences pleins,
les accords tissés dans la tendresse.

Tu offres ta loyauté
non par devoir,
mais parce que ton cœur
ne sait pas faire autrement.
Et dans ton regard,
on trouve un refuge.

△ **Porte 40 – La détermination**

*L'autonomie sacrée* : savoir dire oui avec intégrité, et non avec amour

Tu sais ce que tu peux donner.
Tu sais aussi quand il est temps de te retirer.
Tu travailles avec cœur,
mais pas pour te perdre dans l'effort.

Tu offres ta force
quand l'échange est juste,
quand le contrat est clair,
quand l'équilibre est respecté.

Tu es fiable.
Tu es vrai·e.
Et si tu disparais un moment,
ce n'est pas pour punir —
c'est pour revenir entier·e.

# Canal 37/40 – La communauté

***Donner et recevoir.*** *Créer un pacte humain, doux, équitable.*

Tu es l'accord.
Le lien signé sans papier,
dans un regard,
dans un silence plein de oui.

Tu es là quand on a besoin,
et tu sais demander quand c'est ton tour.
Car pour toi, le vrai lien,
n'est jamais un sacrifice.
C'est un échange sacré.

Tu offres le soutien,
l'émotion,
la chaleur.
Mais tu sais aussi poser les limites
qui préservent ta vérité.

Ce que tu construis,
ce ne sont pas des obligations —
ce sont des alliances.
Et dans cette capacité à équilibrer
le don et le besoin,
tu es un pilier :
celui ou celle
qui rend la communauté vivante.

# △ **Porte 39 – La provocation**

*Le déclencheur sacré* : *réveiller l'émotion pour ouvrir l'âme*

Tu ne caresses pas toujours dans le sens du vent.
Tu frôles, tu piques,
tu appuies là où c'est sensible.
Pas pour blesser.
Pour réveiller.
Pour faire surgir la vérité
qu'on cache derrière le confort.

Tu poses des silences qui dérangent,
des regards qui questionnent,
des mots qui déplacent.
Tu cherches la profondeur,
et tu sais que parfois,
elle se gagne à travers le trouble.

△ **Porte 55 – L'esprit libre**

***L'humeur comme horizon*** : *habiter pleinement l'émotion pour en faire un territoire de vérité*

Tu es une mer intérieure.
Parfois calme,
parfois déchaînée.
Mais toujours vraie.

Tu ressens le monde
comme une onde,
comme une vibration qui te traverse.

Et dans cette instabilité,
il y a ta beauté :
car tu sais que la liberté ne se trouve pas en dehors,
mais dans l'acceptation totale de ce qui te traverse.

Tu n'es pas fait·e pour lisser.
Tu es là pour vivre.
Et ton humeur est ton langage sacré.

# Canal 39/55 – L'émotivité
*Faire de l'émotion un chemin* vers la liberté intérieure

Tu es un feu émotif,
tantôt étincelle,
tantôt brasier.
Tu ne vis pas à moitié.
Tu ressens,
jusqu'à ce que la vérité se montre.

Tu ne provoques pas pour provoquer —
tu cherches l'âme derrière les défenses.
Ton intensité réveille.
Elle dérange,
elle touche,
elle transforme.

Et quand tu acceptes de tout sentir,
sans fuir,
sans censurer,
alors tu découvres ce qui t'appartient vraiment.

Tu es fait·e pour traverser,
non pour contrôler.
Et dans cette traversée,
tu trouves la clé :
une liberté qui ne dépend de rien d'extérieur,
juste de ta capacité à embrasser le tumulte
jusqu'à ce qu'il devienne lumière.

## △ Porte 42 – La clôture

*La récolte du vivant* : *honorer ce qui a été, et en faire une offrande de sens*

Tu es le souffle de la fin.
La dernière note d'une mélodie
qu'on a pris le temps de vivre.

Tu ne précipites rien.
Tu sais que toute chose a besoin
de maturation pour livrer sa vérité.

Tu ne cherches pas à tourner la page trop vite.
Tu veux comprendre,
intégrer,
remercier.

Et quand tu conclus,
tu ne fermes pas.
Tu transformes.

## △ **Porte 53 – Le commencement**

*La flamme du départ* : *l'élan sacré qui ouvre les cycles et embrasse l'inconnu*

Tu es le frisson du premier pas.
L'étincelle qui dit oui à l'aventure
avant même d'en connaître la fin.

Tu ne sais pas toujours où tu vas,
mais tu ressens l'appel.
Et cet appel est assez fort
pour allumer ta force.

Tu ne portes pas la certitude —
tu portes l'élan.
Et dans ton oui vibrant,
tu ouvres des mondes.

# Canal 42/53 – La maturation

*Vivre chaque cycle jusqu'au bout.* Traverser, apprendre, et recommencer.

Tu es une saison à part entière.
Un rythme qui connaît l'art d'initier
et la grâce de conclure.

Tu vis par l'expérience,
non pour l'histoire qu'elle raconte,
mais pour la transformation qu'elle provoque.

Tu commences avec foi,
tu traverses avec patience,
et tu termines avec gratitude.

Tu sais que ce n'est jamais le moment présent
qui donne le sens —
mais ce que l'on en comprend…
après.

Et parce que tu prends le temps,
ce que tu vis devient message,
offrande,
maturité.

Tu n'es pas ici pour accumuler.
Tu es ici pour traverser.
Pour comprendre avec le corps,
et partager depuis le cœur.

Et dans chaque fin,
tu portes déjà une prochaine naissance.
Car la vie, en toi,
ne fait que continuer à danser.

## △ Porte 47 – La réalisation

*La mise en lumière* : organiser les fragments, nommer l'indicible, accueillir le sens

Tu es le tisseur.
Celui ou celle qui assemble
ce qui semblait éparpillé.

Tu prends les éclats,
les questions non résolues,
les souvenirs flous —
et tu les dresses comme une constellation.
Pas pour expliquer.
Mais pour relier.
Pour faire apparaître
ce qu'on ne voyait pas encore.

Ta clarté n'est pas brutale.
Elle est douce.
Elle surgit,
comme une évidence longtemps attendue.

# △ Porte 64 – La confusion

**Le brouillard sacré** : là où naît la quête de sens, au cœur du flou

Tu portes les images qui n'ont pas encore de mots.
Des souvenirs épars,
des éclats d'instants
qui flottent sans ordre.

Tu ne sais pas toujours ce que tu sais.
Mais tu sens que quelque chose est là,
prêt à émerger.
Une histoire.
Une compréhension.
Un fil encore invisible.

Et tu attends,
dans ce mystère vibrant,
que la lumière vienne dessiner la forme.

# Canal 47/64 – L'abstraction
***Cheminer dans le flou*** *pour découvrir un sens plus vaste*

Tu vis dans l'intervalle.
Entre ce qui a été vécu
et ce qui n'a pas encore été compris.

Tu portes la mémoire de l'expérience,
mais elle ne parle pas tout de suite.
Elle revient en images,
en pensées,
en rêves confus.
Et tu la laisses infuser.

Tu ne forces rien.
Tu observes,
tu accueilles,
tu fais silence.

Et un jour,
la forme se dessine.
L'ordre apparaît.
Et ce qui semblait éparpillé
devient histoire.

Tu es un transformateur d'expérience.
Tu ne vis pas pour accumuler,
tu vis pour comprendre.
Et dans cette clarté qui surgit après la brume,
tu offres au monde des clés.
Des liens.

Des sens oubliés.
Tu es là pour relier les fils invisibles,
et leur donner la beauté d'un motif.

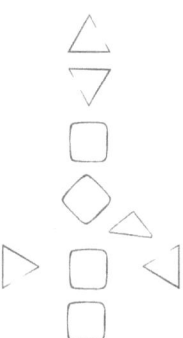

# Les chambres du vivant
ATMOSPHÈRES SENSORIELLES DES NEUF CENTRES

# Galerie d'atmosphères
*Les neuf centres* – *Lieux vivants de l'être*

Voici neuf chambres.
Neuf paysages intérieurs.
Neuf atmosphères vibrantes où résonnent les voix de tes canaux,
les échos de tes portes,
les danses de ton design.


Tu n'as rien à forcer.
Juste à sentir où tu résonnes,
et peut-être à t'y déposer,
comme on revient chez soi.

△ **Le centre de la Tête** – Le ciel des questions

Un espace vaste, suspendu, chargé d'étincelles.
Ici naissent les grandes interrogations,
les pourquoi sans fin,
les inspirations soudaines comme des comètes.

Un ciel traversé de signes,
de doutes fertiles,
et de mystères qui aiment qu'on les contemple
plutôt qu'on les résolve.

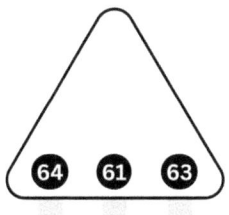

# △ Le centre de l'Ajna – L'atelier des formes

Un lieu de réflexion patiente,
de structures invisibles,
de schémas mentaux posés comme des mandalas.

Ici, l'abstraction devient forme,
la confusion se tisse en clarté.

C'est l'endroit où les pensées prennent corps,
où le chaos s'organise doucement en compréhension.

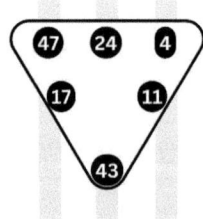

△ **Le centre de la Gorge** – La voix du monde

Un carrefour vibrant.
Tout converge ici pour être dit,
chanté, montré, manifesté.

La gorge ne parle pas pour parler :
elle traduit ce qui veut naître à travers toi.

Chaque mot est un acte.
Chaque silence, un choix.

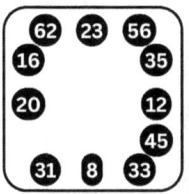

△ **Le centre G – Le sanctuaire du Soi**

Un centre doux, profond, inaltérable.
Ici, réside la direction.
Pas celle qu'on choisit —
celle qu'on ressent.

C'est un lieu de fidélité à soi,
un cœur magnétique,
où l'amour et l'identité se regardent dans le miroir du vivant.

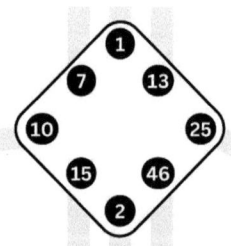

## △ **Le centre du Cœur/Ego** – Le feu du serment

Un lieu de promesse et de courage.
Ici se trouvent la volonté, la loyauté,
la capacité à dire "je peux"
et à tenir.

Mais aussi la sagesse de dire non.

C'est un centre de contrat sacré :
avec soi, avec les autres, avec le monde.

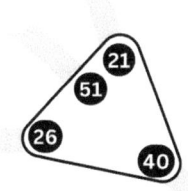

## △ **Le Plexus Solaire** – La mer des vagues émotionnelles

Une mer intérieure.
Tantôt calme, tantôt déchaînée.

Ici tout est mouvement,
et l'on n'y trouve pas des vérités fixes,
mais des marées.

C'est une chambre alchimique,
où les émotions deviennent couleurs,
et les désirs, prière.

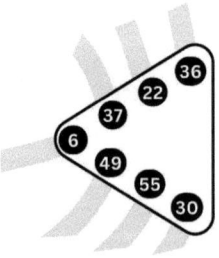

## △ **Le centre Splénique** – La mémoire du corps

Un lieu archaïque.
Silencieux.
Il parle sans mots,
mais il sait.

Il sent le bon moment,
le bon choix,
la justesse instinctive.

C'est un espace de survie,
mais aussi de finesse.
Un savoir ancien qui vit dans les cellules.

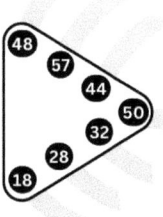

## △ **Le centre Sacral** – La source d'énergie vitale

Une pulsation.
Une réponse.
Un ventre qui dit oui,
ou non.

Ici vit l'énergie vitale,
l'élan du vivant,
le plaisir d'agir quand c'est juste.

Le sacral ne pense pas,
il sent.
Et dans ce ressenti,
il crée.

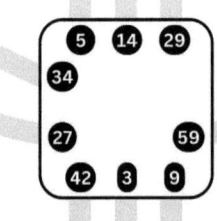

## △ **Le centre de la Racine** – La pression de vie

Le socle.
Le tremblement discret sous tout ce que tu fais.

Une pression douce ou brûlante
qui pousse à bouger,
à faire,
à commencer.

C'est le lieu des impulsions,
des défis,
de l'ancrage fécond.

La racine te rappelle que tu es vivant·e,
et que le temps, parfois, a besoin de ton pas.

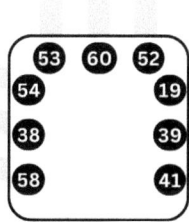

# Épilogue

### L'ÊTRE COMME POÈME

Il ne s'agissait pas d'expliquer.
Mais de toucher.

Non de définir chaque porte ou chaque canal,
mais de les laisser parler depuis l'intérieur,
comme on tend l'oreille à un feu ancien,
comme on laisse une pluie douce traverser le silence.

Ce recueil est un passage.
Un chant.
Un miroir pour sentir que,
derrière les mots,
il y a la vibration du vivant.

Si ces pages ont éclairé une part de toi,
réveillé un souvenir oublié,
ou simplement offert une pause pour écouter ton propre souffle —
alors elles ont rempli leur rôle.

N'oublie pas :
Tu es la poésie que tu cherchais à lire.
Tu es le rythme que tu attendais à l'extérieur.
Tu es un chant unique dans le grand murmure du vivant.

Et maintenant,
il ne reste plus qu'à marcher…
à ton rythme, dans ton axe, avec ton feu.

*Avec toute ma gratitude, Sandrine Calmel*

# ANNEXES

# RÉCAPITULATIF DES PORTES

**PORTE 1 PORTE DE L'EXPRESSION PERSONNELLE**
A besoin de s'exprimer pleinement sur le plan artistique dans tous les domaines. Y compris dans les espaces de vie, les vêtements et le mode de vie.

**PORTE 2 PORTE DE LA CONNAISSANCE SUPÉRIEURE**
Sait que la vie et le monde ne se limitent pas à cela et est profondément en phase avec la spiritualité et les connaissances supérieures.

**PORTE 3 PORTE DE L'ORDRE**
Traverse les difficultés et la confusion des nouveaux départs en essayant de mettre de l'ordre dans le chaos.

**PORTE 4 PORTE DE LA FORMULATION**
Toujours chercher le pourquoi de chaque chose. Ne jamais se contenter d'explications superficielles, mais rechercher la vérité.

**PORTE 5 PORTE DES RYTHMES FIXES**
S'épanouit grâce à des routines cohérentes et s'en tenir à des habitudes et à des schémas cohérents.

**PORTE 6 PORTE DE LA FRICTION**
Régule les émotions, gère les frictions et discerne le moment où il faut affronter et le moment où il faut laisser aller.

**PORTE 7 PORTE DU RÔLE DU MOI**
Un leader démocratique qui dirige et organise un groupe pour obtenir les résultats souhaités.

**PORTE 8 PORTE DE LA CONTRIBUTION**
Aime les arts et la créativité et souhaite mettre en lumière et attirer l'attention sur les personnes et les choses intéressantes.

**PORTE 9 PORTE DE FOCUS**
A la capacité de se concentrer profondément, concentration et de voir les détails qui échappent aux autres.

**PORTE 10 PORTE DU COMPORTEMENT DU SOI**
Le pouvoir de vivre, de se comporter et de se déplacer de manière authentique et d'inspirer les autres en vivant leur plus haute expression.

**PORTE 11 PORTE DES IDEES**
Il existe un flot ininterrompu d'idées, l'essentiel étant de discerner celles qu'il convient de mettre en œuvre.

**PORTE 12 PORTE DE LA PRUDENCE**
Fait preuve de prudence lorsqu'il s'agit de s'exprimer par la communication et les arts. Discerne le meilleur moment pour s'exprimer.

**PORTE 13 PORTE DE L'ÉCOUTEUR**
Attire les personnes qui partagent leurs histoires et leurs secrets avec elle, puis utilise ces histoires recueillies pour enseigner et partager avec d'autres.

**PORTE 14 PORTE DES COMPÉTENCES EN MATIÈRE DE POUVOIR**
Un pouvoir brut et débridé qui s'accroît lorsqu'il est appliqué aux passions.

**PORTE 15 PORTE DES EXTRÊMES**
Aime la diversité, célèbre les différences entre les gens et est amoureux de l'humanité.

**PORTE 16 PORTE DES COMPÉTENCES**
Développe des compétences grâce à la maîtrise et à la répétition, et devient si doué au cours de sa vie qu'il devient un art.

**PORTE 17 PORTE DES OPINIONS**
Réfléchit à des pensées et à des concepts possibles pour former des opinions logiques qui peuvent être partagées avec d'autres.

**PORTE 18 PORTE DE CORRECTION**
La capacité à sentir que quelque chose ne va pas et à le porter à l'attention d'autres personnes dans le but de le corriger.

**PORTE 19 PORTE DU VOULOIR**
Profondément sensible aux besoins des personnes qui l'entourent et ayant un fort besoin de voir ses propres besoins satisfaits.

**PORTE 20 PORTE DE L'INSTANT PRÉSENT**
Entièrement immergé dans le moment présent, il ne s'attarde pas sur le passé et ne pense pas à l'avenir.

**PORTE 21 PORTE DU CHASSEUR/DE LA CHASSEUSE**
Contrôle les ressources et maîtrise le plan sur le plan matériel pour créer la liberté la liberté financière, en toute indépendance.

**PORTE 22 PORTE DE L'OUVERTURE**
Plein de grâce sociale et de charme qui inspirent les autres par leur simple

présence et leur réceptivité.

### PORTE 23 PORTE DE L'ASSIMILATION
Communiquer efficacement les connaissances intérieures en les traduisant dans un langage que les autres peuvent comprendre.

### PORTE 24 PORTE DE RATIONALISATION
Réfléchit et contemple (et éventuellement réfléchit trop) des idées et des pensées dans le but de pouvoir les rationaliser.

### PORTE 25 PORTE DE L'ESPRIT DE SOI
Possède la vibration de l'innocence et déborde d'amour inconditionnel et d'acceptation de tous les êtres vivants.

### PORTE 26 PORTE DE L'EGOISTE
Choisit les preuves pour peindre l'image qu'il veut que vous voyiez. Il laisse des choses de côté ou les inclut en fonction de la direction qu'il veut que vous preniez.

### PORTE 27 PORTE DE L'ATTENTION
Un besoin profond de prendre soin des jeunes, des personnes âgées et des faibles pour s'assurer qu'ils sont pris en charge, et un besoin profond d'être pris en charge également.

### PORTE 28 PORTE DU JOUEUR DE JEU
Aborde la vie comme s'il s'agissait d'un jeu. Il aime avoir une longueur d'avance sur les autres et cherche toujours le sens de la vie.

### PORTE 29 PORTE DE DIRE OUI
Toujours aller de l'avant, persévérer et dire « oui » à la vie.

### PORTE 30 PORTE DE LA RECONNAISSANCE DES SENTIMENTS
A un profond désir de nouvelles expériences, pour le plaisir de ressentir de nouvelles choses, et n'a pas peur de ressentir le spectre des sentiments.

### PORTE 31 PORTE DU LEADER
Un leader naturel et un influenceur au service de la collectivité, perçu comme une autorité.

### PORTE 32 PORTE DE LA CONTINUITÉ
Évite les risques en faveur de la durabilité à long terme. La lenteur et la régularité gagnent la course.

### PORTE 33 PORTE DE LA VIE PRIVÉE
Se retire dans la solitude dans un but d'introspection afin de réfléchir à l'expérience vécue (et d'en tirer pleinement les leçons).

**PORTE 34 PORTE DE LA PUISSANCE**
Une puissance implacable qui stimule l'individualité, l'unicité et l'élan.

**PORTE 35 PORTE DU CHANGEMENT**
Adepte du changement, il aime les nouvelles expériences et se sent à l'aise dans l'exploration de l'inconnu.

**PORTE 36 PORTE DE LA CRISE**
Ressent intensément et a la capacité de traverser une crise et est capable de trouver le pouvoir et la croissance à travers l'expérience.

**PORTE 37 PORTE DE L'AMITIÉ**
Désire vivre en paix et en harmonie avec ses amis et sa communauté.

**PORTE 38 PORTE DU COMBATTANT**
L'énergie pour affronter l'adversité et se battre pour ce qui est juste, même si cela implique une lutte.

**PORTE 39 PORTE DU PROVOCATEUR**
Provoque naturellement les autres pour les pousser à l'action.

**PORTE 40 PORTE DE LA SOLITUDE**
Se préoccupe de l'autonomie et de la prise en charge des autres, mais a aussi la capacité de se sentir seul, même au milieu d'une foule.

**PORTE 41 PORTE DE LA CONTRACTION**
A une imagination débordante, rêve beaucoup et aime faire démarrer les choses. Cette énergie est comme la tension de la flèche que l'on tire avant de la laisser voler.

**PORTE 42 PORTE DE LA CROISSANCE**
Porte la force de faire croître quelque chose et de rester dans le cycle jusqu'à ce qu'il soit terminé.

**PORTE 43 PORTE DE L' INSIGHT**
Porte des idées novatrices qui ont le pouvoir de créer des percées, mais doit attendre le bon moment pour les partager.

**PORTE 44 PORTE DE L'ALERTE**
Est intrinsèquement conscient des tendances et des modèles du passé, ce qui lui permet de savoir ce qui fonctionne dans le présent et de s'assurer que les erreurs ne se répètent pas à l'avenir.

## PORTE 45 PORTE DU COLLECTEUR
Maître de la collecte, de la gestion et de la distribution de l'argent et des ressources à la communauté

## PORTE 46 PORTE DE LA DÉTERMINATION DU MOI
Il est dans l'alignement de prendre soin de son corps et d'apprécier l'expérience de la vie dans ce corps.

## PORTE 47 PORTE DE LA RÉALISATION
Toujours en train de réfléchir à la vie et aux expériences, en se demandant ce qui sera révélé et en cherchant un sens.

## PORTE 48 PORTE DE LA PROFONDEUR
Toujours à la recherche de significations plus profondes et de solutions pratiques aux problèmes, au-delà de la surface.

## PORTE 49 PORTE DES PRINCIPES
S'en tient fermement à ses valeurs et à ses principes et s'efforce de mettre en œuvre le changement, d'apporter l'équité et la justice à tous.

## PORTE 50 PORTE DES VALEURS
Établit des règles basées sur ses valeurs pour s'assurer que sa famille et sa communauté survivront et prospéreront.

## PORTE 51 PORTE DE CHOC
Porte le potentiel de choquer les gens par leurs paroles, leurs actions ou leurs expériences et de vivre des situations choquantes.

## PORTE 52 PORTE DE L'INACTION
La pression pour rester immobile à des fins de focalisation et de concentration lorsqu'ils se sentent poussés à le faire.

## PORTE 53 PORTE DES COMMENCEMENTS
La pression pour commencer un nouveau cycle qui mènera à la croissance et à l'expansion.

## PORTE 54 PORTE DE L'AMBITION
Ambition et dynamisme qui poussent à la croissance, au progrès et à l'élévation du statut social.

## PORTE 55 PORTE DE L'ESPRIT
Honore l'abondance de ses propres humeurs et peut être mélancolique, artistique ou romantique, car il cherche à vivre une vie passionnée.

## PORTE 56 PORTE DE STIMULATION
Traduit l'expérience humaine en langage par le biais d'analogies et

d'histoires.

### PORTE 57 PORTE DE LA PERSPICACITÉ INTUITIVE
Profondément intuitif et conscient, il sait tout simplement « les choses ».

### PORTE 58 PORTE DE LA VITALITÉ
A un goût prononcé pour la vie et se sent vivant et dynamique. Il est naturellement porté à l'action.

### PORTE 59 PORTE DE LA SEXUALITÉ
Désir de briser la résistance et de se connecter intimement aux autres

### PORTE 60 PORTE DE L'ACCEPTATION
Accepte ses limites et « ce qui est » et peut soit s'enfermer dans ses habitudes, soit innover dans le cadre de ses limites.

### PORTE 61 PORTE DU MYSTÈRE
Possède une profonde connaissance intérieure et comprend la différence entre la sagesse et la connaissance.

### PORTE 62 PORTE DE DÉTAIL
Il s'agit d'organiser les faits, les chiffres et les détails afin de mieux comprendre et/ou expliquer des concepts complexes.

### PORTE 63 PORTE DU DOUTE
Remet tout en question et ne prend rien pour argent comptant. A besoin de connaître tous les détails avant de prendre une décision.

### PORTE 64 PORTE DE LA CONFUSION
Leurs pensées tourbillonnent comme la neige dans une boule à neige perpétuellement secouée, ce qui leur donne l'impression de n'être vraiment sûrs de rien.

# RÉCAPITULATIF DES CANAUX

### CANAL 1/8 – CANAL DE L'INSPIRATION INCARNÉE
C'est une énergie d'inspiration brute qui devient visible, transmissible, non pas par effort, mais par rayonnement naturel. Tu n'imites pas : tu émets. Ce que tu es suffit. Et ton unicité devient semence, vibration, miroir. Tu n'as rien à prouver — seulement à vivre pleinement ta singularité, et laisser les autres s'en nourrir.

### CANAL 2/14 – CANAL DE LA PULSATION
Il incarne le mouvement aligné : celui qui ne force rien, mais sait ce qui doit se faire et comment. C'est un canal de prospérité fluide, d'abondance incarnée, de direction guidée par le cœur. Tu ne choisis pas le cap mentalement — tu le ressens. Et quand tu avances, tu ouvres la voie pour les autres.

### CANAL 3/60 – CANAL DE LA MUTATION
Ce canal incarne la mutation, non comme révolution explosive, mais comme germination lente. Il apprend à respecter les contraintes tout en cherchant la forme nouvelle. C'est un canal profondément lié à l'évolution intérieure et collective.

### CANAL 4/63 – CANAL DE LA LOGIQUE
Ici se construit la pensée analytique, patiente, obsédée par la cohérence. La Porte 63 questionne, doute, soupèse. La Porte 4 tente de répondre, d'organiser, de formuler. Ensemble, elles créent un mental logique au service du collectif. Pas pour savoir simplement, mais pour structurer une vérité partageable, une pensée utile. C'est le canal de l'enquête intérieure, du cheminement mental qui cherche la solidité.

### CANAL 5/15 – CANAL DU RYTHME
Ce canal est une respiration. Il parle du respect de son propre tempo, de cette stabilité intérieure qui se connecte aux rythmes du vivant. La Porte 5 cherche la régularité, la cadence naturelle. La Porte 15 embrasse les extrêmes, les diversités humaines. Ensemble, elles créent une aura magnétique qui affecte le rythme collectif. C'est un canal profondément magnétique, qui régule le temps par sa simple présence.

### CANAL 6/59 – CANAL DE L'INTIMITÉ
Un canal sacré d'ouverture émotionnelle et physique. Il relie la Porte 59, qui veut pénétrer, s'ouvrir, se lier, à la Porte 6, qui régule, protège, choisit. Ensemble, elles forment la base du lien intime — celui qui transforme. Ce

canal ne s'ouvre pas à tout le monde, ni à tout moment. Mais quand il le fait, il crée un espace de fusion et de vérité d'une rare intensité. C'est le canal de la vulnérabilité choisie, de la confiance sensorielle, de la sexualité consciente.

### CANAL 7/31 CANAL DE L'ALPHA
Un leadership démocratique, humble et visionnaire. Le Canal de l'Alpha n'impose pas : il incarne. Il guide en observant, en écoutant, en comprenant le mouvement du collectif pour l'emmener vers un futur plus cohérent. C'est une autorité naturelle, qui repose sur la justesse du rôle, pas sur le besoin de pouvoir.

### CANAL 9/52 CANAL DE LA CONCENTRATION
Un axe de focalisation intense, de calme dynamique. Il contient la pression de la racine et la canalise dans une attention soutenue, capable d'entrer profondément dans un sujet ou un projet. Ce canal enseigne la présence posée, la patience féconde, la puissance de rester là, pleinement engagé·e.

### CANAL 10/20 CANAL DE L'ÉVEIL
Un canal de vérité immédiate. Il permet au soi authentique de s'exprimer dans l'instant, avec justesse et présence. Pas de projection, pas de stratégie : simplement l'évidence d'être là, et de dire ce qui résonne. C'est une voix claire, puissante et simple, qui touche parce qu'elle est vraie.

### CANAL 10/34 CANAL DE L'EXPLORATION
Un canal d'autonomie active, de mouvement aligné, de comportement libre. Il relie le soi profond à l'énergie vitale brute, et dit : "je suis, donc j'agis — sans filtre, sans compromis". C'est l'élan spontané d'un corps qui sait, d'un être qui se suit avec confiance.

### CANAL 10/57 – CANAL DE LA FORME PARFAITE
C'est un axe magnifique d'intuition pure et de conduite alignée, issu du circuit de l'intégration. Ici, la voix subtile de la rate rencontre le soi profond — dans une forme d'instinct poétique, viscéral, presque animal.

### CANAL 11/56 – CANAL DE LA CURIOSITÉ
C'est un canal doux, inspirant, ouvert à l'imaginaire, à l'exploration intérieure, aux récits qui relient. Un canal fait pour raconter ce qui touche, pour transmettre la lumière d'idées et d'expériences.

### CANAL 12/22 – CANAL DE L'OUVERTURE
C'est l'un des canaux les plus sensibles, profonds, et artistiquement puissants du design humain. Il porte l'expression émotionnelle dans toute sa noblesse : celle qui ne parle que quand c'est juste, et qui transforme par

la grâce du vécu, non par volonté.

## CANAL 13/33 – LE CANAL DU PRODIGE
C'est un canal profondément contemplatif, empreint de mémoire, de sagesse vécue, et de la puissance tranquille de ceux qui savent écouter et transmettre. C'est le canal du récit vrai, celui qui vient de l'intérieur, tissé par l'expérience humaine, et offert au moment juste, non pour instruire, mais pour relier.

## CANAL 16/48 – CANAL DE LA LONGUEUR D'ONDE
C'est une célébration de la maîtrise incarnée, non comme performance, mais comme une voie sensible d'expression. Canal profondément lié à l'amour de la pratique, la rigueur du détail, la beauté cachée dans l'exigence, mais aussi la patience du processus.

## LE CANAL 17/62 – CANAL DE L'ACCEPTATION
C'est le canal de la clarté mentale structurée, de la précision du langage, et du rôle collectif de l'organisation des idées. Il ne parle pas dans le vide — il parle pour que les choses deviennent compréhensibles, tangibles, utiles.

## LE CANAL 18/58 – CANAL DU JUGEMENT
C''est le souffle vital qui pousse à corriger, affiner, élever. Ce canal voit les imperfections, non pour critiquer, mais pour faire émerger la beauté cachée dans ce qui pourrait être mieux.

## LE CANAL 19/49 – CANAL DE LA SYNTHÈSE
C'est un axe intensément tribal, sensoriel, épidermique, tissé d'empathie viscérale, de loyauté émotionnelle, et d'un appel profond à la justice et à la transformation collective. Ce n'est pas un canal de parole immédiate, mais un canal de ressenti brut, d'engagement, et parfois de rupture nécessaire quand les valeurs sont trahies.

## LE CANAL 20/34 – CANAL DU CHARISME
C'est l'un des plus purs et vibrants canaux de l'individualité. Il incarne la puissance instinctive, la présence totale, la capacité à transformer l'énergie en action dans l'instant, sans justification, sans prévision — juste une vérité qui se manifeste par le corps.

## CANAL 20/57 – CANAL DES ONDES CÉRÉBRALES
C'est l'une des expressions les plus pures et fines de l'intuition vivante : cette intelligence instantanée, acoustique, qui sait sans réfléchir et s'exprime dans l'instant, sans artifice ni préambule. Il est à la fois animal, mystique et précis, comme un éclat de vérité soufflé dans le présent.

### CANAL 21/45 – CANAL DE L'ARGENT
C'est une ligne de pouvoir tribal assumé, mais aussi de responsabilité collective. Il ne s'agit pas simplement de posséder ou de diriger : ce canal parle de gérer, soutenir, structurer, pour que la matière serve la stabilité du groupe. C'est un axe de leadership concret, incarné, profondément lié à la survie, à l'échange, à l'honneur.

### CANAL 23/43 – CANAL DE LA STRUCTURATION
C'est l'un des plus profondément introspectifs et visionnaires du design humain. Il porte en lui le génie de la percée, mais aussi la solitude du savoir non compris, le poids du timing et la beauté fragile de l'expression innovante, non conventionnelle.

### CANAL 24/61 – CANAL DE LA PLEINE CONSCIENCE
C'est l'un des plus mystiques et introspectifs du Design Humain. Il relie le centre de la Tête (l'inspiration) à l'Ajna (la pensée structurée), et trace un chemin solitaire, cyclique, profond, où la vérité ne se donne pas — elle se révèle... lentement, par retours successifs, par maturation intérieure.

### CANAL 25/51 – CANAL DE L'INITIATION E
C'est un axe rare et profondément transformateur. Il touche à l'essence du courage spirituel, cette capacité à traverser le choc, l'inattendu, la perte, pour y découvrir non pas des réponses... mais l'amour inconditionnel, celui qui ne s'enseigne pas, mais se vit dans les zones les plus vulnérables de l'existence. Le 25/51, c'est la blessure sacrée, la transcendance par le cœur, l'éveil brutal qui mène à l'amour inaltérable.

### CANAL 26/44 – CANAL DU CHANGEMENT
C'est un axe profondément tribal, fondé sur la mémoire instinctive et la stratégie consciente. Il est fin, rusé, intuitif, toujours à l'écoute du passé pour préparer le futur, mais aussi charismatique, capable de convaincre pour soutenir le collectif. C'est un canal de transmission, mais aussi de séduction au service du bien commun — un équilibre subtil entre intégrité, influence et intelligence instinctive.

### CANAL 27/50 – CANAL DE LA PRÉSERVATION
C'est une ode à la responsabilité nourricière, à la soutenance discrète mais essentielle, à cette énergie de protection inconditionnelle qui ne s'impose pas... mais qui veille C'est un canal générateur, profondément relié au corps, à l'instinct de soin, à la continuité du vivant dans les gestes simples et constants.

### CANAL 28/38 – CANAL DE LA LUTTE
Un canal d'intensité vitale, de quête de sens dans l'épreuve. Il ne cherche

pas le confort, mais la profondeur, la vérité intérieure. C'est un axe de confrontation sacrée avec l'absurde, de courage pour aller jusqu'au bout, même sans certitude de réussite. Il nous enseigne que le combat n'est pas toujours extérieur — il est parfois le reflet de la vie elle-même, qui veut être vécue intensément.

## CANAL 29/46 – CANAL DE LA DÉCOUVERTE
C'est un axe magnifique de présence incarnée. Il relie le sacral, moteur de l'engagement vivant, au centre G, lieu du soi, de la direction, du corps, et nous parle d'un chemin fait d'expériences pleinement vécues, d'ouvertures, d'erreurs traversées, d'apprentissages par le corps et le oui sacré.

## CANAL 30/41 – CANAL DE LA RECONNAISSANCE
Ce canal s'exprime naturellement dans une vibration profondément émotionnelle, poétique et imaginale. Il représente le commencement du cycle de l'expérience humaine, le passage du désir brûlant à l'expérience vécue, dans un mouvement chargé de rêve, de tension, et de transformation.

## CANAL 32/54 CANAL DE LA TRANSFORMATION
Un canal tribal de mutation sociale, de stratégie et de persistance. Il sent ce qui mérite d'être soutenu, ce qui peut s'élever vers la réussite, et ajuste finement son énergie pour accompagner cette montée. Ce n'est pas une ambition froide : c'est un engagement à faire grandir, à transmettre, à bâtir avec sens.

## CANAL 34/57 – CANAL DE LA TRANSFORMATION
C'est un axe de puissance intuitive, instinctive, immédiate. Il relie la précision subtile du centre splénique à la force vitale brute du sacral. C'est une dynamique présente, animale, vive, où l'intuition n'est pas théorique : elle est mise en action dans l'instant, sans hésitation, sans justification.

## CANAL 35/36 CANAL DE LA TRANSITION
Axe émotionnel collectif, il est la vague de l'expérience humaine en mouvement. Il vit les crises, les bouleversements, les découvertes, non pour les éviter — mais pour en sortir transformé. C'est un canal d'apprentissage par la traversée, de maturité par le vécu. Il incarne le mouvement du "je ne savais pas" au "je suis devenu".

## CANAL 37/40 – CANAL DE LA COMMUNAUTÉ
Ce canal nous parle d'un pacte affectif, d'un espace de loyauté, d'échange sincère, de soutien émotionnel et matériel. C'est un canal qui sait négocier avec le cœur, protéger la tribu, tout en respectant l'équilibre entre le don et le retrait, entre service et repos, entre je t'aide et je me ressource.

### CANAL 39/55 – CANAL DE L'ÉMOTIVITÉ
C'est un canal profondément poétique, mystique et intense. Il parle d'émotions puissantes, d'humeurs changeantes, mais surtout de cette capacité unique à provoquer pour révéler, à questionner pour libérer, à traverser les vagues pour atteindre une liberté émotionnelle et spirituelle rare.

### CANAL 42/53 – CANAL DE LA MATURATION
Ce canal est limpide dans son essence : il incarne le cycle de l'expérience complète, de l'élan du commencement à la sagesse de la clôture. Il nous enseigne que vivre jusqu'au bout, c'est aussi savoir finir ce qu'on commence, laisser mûrir, traverser chaque étape sans sauter les saisons. Ce canal est une danse vivante entre l'enthousiasme du commencement (Porte 53) et la sagesse de l'achèvement (Porte 42). Il porte l'empreinte d'un rythme sacré, celui des saisons de l'âme, où tout ce qui commence doit pouvoir être honoré jusqu'au bout.

### CANAL 47/64 – CANAL DE L'ABSTRACTION
C'est une traversée mentale non linéaire, une quête de sens à travers le flou, une alchimie intérieure où les fragments d'expériences passées cherchent une forme, un sens, une lumière.

# TABLES DES MATIÈRES

| | |
|---|---|
| Bienvenue | 3 |
| **SANDRINE CALMEL** | 4 |
| **AVANT PROPOS** | 8 |
| **PRÉFACE** | 9 |
| INTRODUCTION | 11 |
| Colore ton schéma | 13 |
| **Le Chant des Origines** | **15** |
| Manifesteur – Le souffle initiateur | 16 |
| Projecteur – Le guide des ombres et des lumières | 18 |
| Générateur – La danse sacrée de la vie | 20 |
| Réflecteur – La miroir des étoiles | 22 |
| Générateur Manifesteur – La mélodie sauvage | 25 |
| **Les voies de l'essence** | **29** |
| △ Porte 1 – L'Expression Créative | 30 |
| △ Porte 8 – La Contribution | 31 |
| Canal 1/8 — L'inspiration incarnée | 32 |
| ▽ Porte 2 – La réceptivité | 33 |
| △ Porte 14 – La prospérité | 34 |
| Canal 2/14 — La pulsation | 35 |
| △ Porte 3 – La difficulté initiale | 37 |
| △ Porte 60 – La limitation | 38 |
| Canal 3/60 — La mutation | 39 |
| △ Porte 4 – Les formules | 40 |
| △ Porte 63 – Le doute | 41 |
| Canal 4/63 — La logique | 42 |
| △ Porte 5 — Les rythmes | 44 |
| △ Porte 15 – L'extrême | 45 |
| Canal 5/15 – Le Rythme | 46 |
| △ Porte 6 – Le conflit | 48 |
| △ Porte 59 – La dispersion | 49 |
| Canal 6/59 – L'intimité | 50 |

| △ Porte 7 – L'armée | 52 |
| △ Porte 31 – L'influence | 53 |
| Canal 7/31 – Le canal de l'Alpha | 54 |
| △ Porte 9 – Le pouvoir du petit | 55 |
| ▽ Porte 52 – Rester tranquille | 56 |
| Canal 9/52 – La concentration | 57 |
| △ Porte 10 – La conduite | 58 |
| △ Porte 20 – La contemplation | 59 |
| Canal 10/20 – L'éveil | 60 |
| △ Porte 10 (version 2) – La conduite | 61 |
| △ Porte 34 – Le pouvoir | 62 |
| Canal 10/34 – L'exploration | 63 |
| △ Porte 10 (version 3) – La conduite intuitive | 64 |
| △ Porte 57 – L'intuition subtile | 65 |
| Canal 10/57 – La forme parfaite | 66 |
| ▽ Porte 11 – La paix | 67 |
| △ Porte 56 – Le voyageur | 68 |
| Canal 11/56 – La curiosité | 69 |
| △ Porte 12 – L'ouverture | 70 |
| △ Porte 22 – La grâce | 71 |
| Canal 12/22 – L'ouverture | 72 |
| △ Porte 13 – L'auditeur | 73 |
| △ Porte 33 – La retraite | 74 |
| Canal 13/33 – Le prodige | 75 |
| △ Porte 16 – L'expression du talent | 76 |
| ▽ Porte 48 – La Profondeur | 77 |
| Canal 16/48 – La longueur d'onde | 78 |
| ▽ Porte 17 – Les opinions | 79 |
| △ Porte 62 – Les détails | 80 |
| Canal 17/62 – L'acceptation | 81 |
| △ Porte 18 – La correction | 82 |
| ▽ Porte 58 – La vitalité | 84 |
| Canal 18/58 – Le jugement | 85 |
| ▽ Porte 19 – L'approche | 87 |

| | |
|---|---|
| ▽ Porte 49 – La révolution | 88 |
| Canal 19/49 – La synthèse | 89 |
| ▽ Porte 20 – L'instant présent | 90 |
| ▽ Porte 34 – La puissance | 91 |
| Canal 20/34 – Le charisme | 92 |
| ▽ Porte 20 – L'instant présent (version 2) | 93 |
| ▽ Porte 57 – L'intuition | 94 |
| Canal 20/57 – Les ondes cérébrales | 95 |
| △ Porte 21 – Le contrôle | 96 |
| △ Porte 45 – Le leadership matériel | 97 |
| Canal 21/45 – Le canal de l'argent | 98 |
| △ Porte 23 – L'assimilation | 99 |
| △ Porte 43 – La percée | 100 |
| Canal 23/43 – La structuration | 101 |
| △ Porte 24 – Le retour | 102 |
| △ Porte 61 – La vérité intérieure | 103 |
| Canal 24/61 – La pleine conscience | 104 |
| △ Porte 25 – L'amour universel | 105 |
| △ Porte 51 – Le choc (L'éveilleur) | 106 |
| Canal 25/51 – L'initiation | 107 |
| △ Porte 26 – L'astuce | 109 |
| △ Porte 44 – La vigilance | 110 |
| Canal 26/44 – Le changement | 111 |
| △ Porte 27 – La nourriture | 112 |
| ▽ Porte 50 – Les valeurs | 113 |
| Canal 27/50 – La préservation | 114 |
| ▽ Porte 28 – Le sens du risque | 115 |
| ▽ Porte 38 – L'instinct du juste combat | 116 |
| Canal 28/38 – Le canal de la lutte | 117 |
| △ Porte 29 – L'engagement | 119 |
| △ Porte 46 – La détermination | 120 |
| Canal 29/46 – La découverte | 121 |
| △ Porte 30 – Les sentiments | 122 |
| △ Porte 41 – La contraction | 123 |

Canal 30/41 – La reconnaissance 124
▽ Porte 32 – La continuité 125
△ Porte 54 – L'ambition 126
Canal 32/54 – La transformation 127
△ Porte 34 – La puissance 128
△ Porte 57 – L'intuition 129
Canal 34/57 – La transformation 130
△ Porte 35 – Le progrès 131
△ Porte 36 – La crise 132
Canal 35/36 – La transition 133
△ Porte 37 – L'amitié 134
△ Porte 40 – La détermination 135
Canal 37/40 – La communauté 136
△ Porte 39 – La provocation 137
△ Porte 55 – L'esprit libre 138
Canal 39/55 – L'émotivité 139
△ Porte 42 – La clôture 140
△ Porte 53 – Le commencement 141
Canal 42/53 – La maturation 142
△ Porte 47 – La réalisation 144
△ Porte 64 – La confusion 145
Canal 47/64 – L'abstraction 146

**Les chambres du vivant** **149**
Galerie d'atmosphères 150
△ Le centre de la Tête – Le ciel des questions 151
△ Le centre de l'Ajna – L'atelier des formes 152
△ Le centre de la Gorge – La voix du monde 153
△ Le centre G – Le sanctuaire du Soi 154
△ Le centre du Cœur/Ego – Le feu du serment 155
△ Le Plexus Solaire – La mer des vagues émotionnelles 156
△ Le centre Splénique – La mémoire du corps 157
△ Le centre Sacral – La source d'énergie vitale 158
△ Le centre de la Racine – La pression de vie 159

**Épilogue** **161**

| | |
|---|---|
| RÉCAPITULATIF DES PORTES | 165 |
| RÉCAPITULATIF DES CANAUX | 171 |
| TABLES DES MATIÈRES | 177 |